## PROPRIÉTÉ DE L'ÉDITEUR.

---
Chambéry, imprim. de Puthod

# CHAMBÉRY
# AIX-LES-BAINS

LEURS MONUMENTS ET LEURS ENVIRONS

PRÉCÉDÉS

D'UN APERÇU HISTORIQUE SUR LA SAVOIE ANCIENNE ET NOUVELLE

Et suivis d'un Appendice de Renseignements utiles à l'Etranger

## PAR AIMÉ FERRARIS.

## CHAMBÉRY
PUTHOD, IMPRIMEUR-LIBRAIRE, ÉDITEUR.

1847

# AVANT-PROPOS.

Un grand nombre d'auteurs ont écrit sur la Savoie, et cependant il manque une histoire complète de ce pays. Comme ceux qui m'ont précédé, je viens apporter ma pierre à l'édifice de cette œuvre nationale, que tous les hommes vraiment amis de leur pays doivent appeler de tous leurs vœux. L'époque n'est pas très éloignée peut-être où, parmi tant de jeunes hommes intelligents et laborieux que la Savoie renferme, il surgira quelque talent remarquable pour grouper tous ces matériaux épars, et traduire en une brillante épopée l'histoire de cette vieille terre des Allobroges et de cette longue succession de Comtes, de Ducs et de Rois qui, depuis plus de huit siècles, règnent sur la Savoie avec tant de gloire.

L'ouvrage que je publie aujourd'hui est plutôt un guide du voyageur qu'une notice, un manuel qu'une histoire. J'ai cru néanmoins répondre à un besoin en le composant.

Peu de villes peuvent se flatter d'être aussi complètes que Chambéry, dans une circonscription égale. J. Janin l'a comparée à une coquette sous-préfecture de France ; si le spirituel feuilletoniste des *Débats* l'avait approfondie, il eût ajouté : Mais les établissements de toute nature qui la composent la rendent digne d'être une capitale.

Les environs de Chambéry ont aussi été de

tout temps cités comme les plus féconds en sites pittoresques, les plus riches en souvenirs historiques.

Il s'agissait de réunir, dans un rayon de quelques lieues et dont Chambéry fût le centre, assez de monuments et de choses remarquables pour en faire un bouquet digne d'être offert aux étrangers : c'est à quoi j'ai songé en en classant toutes les fleurs, en les étiquetant de manière qu'il fût impossible de se méprendre sur leur parfum et leur nom.

Je ne suis pas le premier à qui l'idée soit venue de publier un ouvrage en forme de Guide de l'Etranger à Chambéry, Aix et leurs environs ; longtemps avant moi, parmi les nationaux, MM. G.-M. Raymond et Chapperon, avocat, ont fait imprimer, l'un une Notice et l'autre un Guide sur le même sujet. MM. C. Despine fils et J. Bonjean ont fait aussi des descriptions récentes d'Aix et de ses alentours ; mais aucun de ces différents ouvrages ne peut, quant à son but, son volume ou sa distribution, servir de guide complet à l'étranger.

En ce qui concerne ces derniers auteurs, leurs descriptions, modèle de concision et de briéveté, ne servent que d'introduction aux matières plus graves de la thérapeutique et de la chimie; pour les autres, elles ne remplissent qu'à demi le titre qu'elles ont adopté, soit par une insuffisance de détails, soit par une distribution de matières qui les fait regarder comme des notices plutôt que comme des guides.

J'ai tâché de remédier à tout cela en suivant mes prédécesseurs dans ce qu'ils ont de bien, en leur empruntant quelquefois ce qu'ils rapportent d'analogue et de relatif aux sujets que je traite.

Je me fais un devoir de constater ici que plusieurs d'entre eux, riches d'une solide et vaste érudition, m'ont épargné de chercher ailleurs une partie des autorités et des dates que j'ai eu à citer.

Mon ouvrage se divise en trois parties principales.

La première se compose d'une Notice sur les diverses phases que subirent les contrées qui forment aujourd'hui le duché de Savoie et les différents peuples qui les habitèrent. Cet aperçu est suivi d'un coup-d'œil sur la Savoie actuelle.

Dans ce travail, je l'avoue hautement, je dois beaucoup à l'excellente Notice de M. le chanoine Chuit sur les Allobroges, et à celle de M. le sénateur comte de Vignet, publiées dans les tomes III et IV des Mémoires de la Société royale académique de Savoie.

La seconde renferme la description de Chambéry, le tableau de son ancienneté, de son importance, de ses monuments anciens et nouveaux, en un mot, l'historique de tout ce qui peut rendre cette ville intéressante aux yeux de l'antiquaire, du géologue, du numismate, du botaniste et du peintre.

La troisième comprend tous les environs de Chambéry, les sites pittoresques dont la nature l'a si abondamment pourvu, les villes et villages, châteaux-forts, manufactures, promenades remarquables, etc., dans un rayon de quatre à cinq lieues, et parfois davantage.

Enfin, pour compléter le but d'utilité de cet ouvrage, il est terminé par un appendice de tous les renseignements auxquels l'étranger peut avoir besoin de recourir, tant à Aix qu'à Chambéry.

Puisse ce travail, digression faite à une œuvre plus importante qui m'occupe : *La Savoie pittoresque et statistique*, être de quelque utilité à un pays auquel je tiens par mes ancêtres, et je verrai combler mes vœux les plus chers.

Aimé FERRARIS.

PREMIÈRE PARTIE.

# APERÇU HISTORIQUE SUR LES ALLOBROGES SAVOISIENS

DEPUIS LEUR APPARITION DANS L'HISTOIRE JUSQU'A NOS JOURS.

Les plus épaisses ténèbres environnent l'histoire des âges primitifs de la Gaule, et nous ne connaissons rien, ou du moins fort peu de chose, sur l'ensemble régulier de la vie politique et sociale de ses premiers habitants. L'impossibilité où étaient les anciens de pénétrer dans les pays slaves et celtiques, le silence des écrivains de l'antiquité sur tout ce qui n'avait pas un rapport immédiat avec les événements de leur patrie, ne permettent d'asseoir que des conjectures toujours très hasardées sur les usages de ces peuples alors appelés *barbares*.

Ce n'est que plus tard, lorsqu'ils entrèrent en collision avec les nations civilisées, que l'on parvient à saisir les traces obscures de leur histoire. Les combats, les invasions, les grandes perturbations des empires sont donc les premiers jalons qui nous guident dans leur passé. Mais s'ils sont insuffisants pour établir une filière et une chronologie régulières, ils ne nous laissent du moins aucun doute sur la haute antiquité de ces peuples. Camille recevant de ses concitoyens le surnom de second fondateur de Rome, pour avoir délivré sa patrie des Gaulois, conduits par Brennus, est une preuve de la puissance qu'avaient acquise déjà à cette époque ces géants du Nord, et de la terreur qu'ils inspiraient.

Parmi les peuplades galliques, une des plus célèbres fut sans contredit celle des Allobroges, qui se trouva, pendant plusieurs siècles, associée à leur gloire et mêlée à leurs conquêtes. C'est de ce peuple que nous allons parler, comme étant le premier historiquement connu qui ait occupé le territoire de la Savoie.

Savoie vient de *Sabaudia* et *Sapaudia*, deux mots latins traduits du celte, et sur l'étymologie desquels on n'a encore rien trouvé de certain. Quelques auteurs font dériver ce nom du mot celtique *sap-wald* (forêt de sapins), et Guichenon [1], sur la foi des historiens Saxi et Pausanias, pense que ce nom a pu lui être donné en souvenir de Jupiter *Sebadius*, un des rois du pays, et qui était adoré par les peuples qui habitaient les Alpes. [2]

Ce nom de *Sabaudia* ou *Sapaudia* apparaît pour la première fois dans l'histoire vers la fin du quatrième siècle. Quelque temps après, on trouve la Savoie indifféremment désignée par plusieurs écrivains sous les variantes de *Saboja*, *Savogia*, *Ager Savogensis*.

Le nom d'Allobroge fut un titre générique sous lequel on désigna plus tard tous les peuples de l'Allobrogie avant que les rois, traçant la limite de leurs états, n'eussent scindé les contrées qu'ils habitèrent ; mais tous les peuples allobroges ne furent pas considérés comme tels, et les habitants compris dans le Dauphiné moderne, les provinces

---

[1] *Histoire de la Maison royale de Savoie*, tome Ier, p. 10.

[2] Ce qu'il y a de vrai, c'est que ce Jupiter *Sebadius*, que les mêmes auteurs font mourir l'an 580 du déluge, avait des autels sur le Grand-St-Bernard. Cette montagne, désignée par les latins sous le nom de *Mons Jovis* (Montagne de Jupiter), est encore appelée par le vulgaire *Mont-Iou*.

de Savoie-Propre, du Genevois, de Carouge, du Chablais occidental, du Bas-Faucigny, de la portion du canton de Genève située sur la rive gauche du Rhône, sont les seuls qui portaient véritablement ce nom.

Les autres peuples étaient les Mauriennais, tour-à-tour appelés *Garocelles* par Marlian, *Bramovices* ou *Brannovices* par Jules-César, *Uceni*, *Medulli*, *Blanonii* et *Cinesii* (du Mont-Cenis), par d'autres auteurs. Les Romains comprenaient tous les Mauriennais sous le nom de *Citavones*. [1]

Une autre nation fut les Centrons ; ils habitaient la Tarentaise actuelle, désignée autrefois sous le nom d'Alpes grecques. [2] Cette tribu fut la plus difficile à soumettre, et Jules-César la cite dans ses Commentaires comme la plus brave et celle qui défendit le plus longtemps son indépendance.

Il y avait encore les *Focunates*, qui s'étendaient dans tout le Faucigny, et les *Nantuates*, connus aussi sous d'autres noms, qui occupèrent le Chablais oriental et le Bas-Vallais, dont Genève fut la

---

[1] L'étymologie de Maurienne vient de Marius, qui, selon Pineda, y fit construire une route qui s'appela *Via Mariana*, après sa victoire sur les Cimbres.

[2] En latin *Alpes graiæ*; Pline prétend qu'elles furent ainsi nommées parce que Hercule le Thébain fut le premier qui les traversa.

capitale, comme Grenoble fut celle des *Voconces*.

Telles sont les limites assignées par les historiens et les géographes aux peuples Allobroges, et que Strabon, longtemps avant eux, laissa deviner, lorsqu'il dit : « Ils habitaient dans un pays montueux et des vallées profondes, et n'étaient pas moins célèbres que les montagnes qui dominent leurs demeures. »

Vivant sur un sol naturellement peut fertile et devenu trop étroit pour leur population croissante, on conçoit que ces peuples durent se jeter sur les contrées voisines pour pourvoir à leur subsistance. Dans ces temps d'ignorance, où la terre était au premier occupant, une tribu en poussait une autre lorsqu'elle était la plus forte, et celle-ci, aiguillonnée par le besoin, marchait en avant, campant dans les forêts, se nourrissant de gibier et se bâtissant des cabanes.

Le besoin, la force ou l'ambition les fit donc émigrer en les obligeant à s'unir. Maîtres de la belle vallée du Graisivaudan, ils cherchèrent à s'étendre plus loin ; mais ils rencontrèrent d'autres populations *Keltes Gaëliques* qui les arrêtèrent au passage de *Cularo* (Grenoble). Repoussés de ces parages, ils longèrent les rives de l'Isère et arrivèrent jusqu'à Vienne *(Bienna Allobrogum, Caput*

*Allobrogum )*, dont ils chassèrent les habitants. [1]

De là ils s'étendirent à Embrun et jusqu'à Suze [2]; puis ils entrèrent dans la Ligurie, s'emparèrent de toutes les villes qu'ils rencontrèrent, et qu'ils réduisirent en un royaume particulier sous le nom d'Allobroges Cathuriges. Mais ils en furent chassés plus tard, sous Cottius, un de leurs rois.

Rochex, qui raconte ces derniers faits, s'appuie sur le témoignage de Strabon et de Pline, vivant

---

[1] « Lesquels, dit Rochaix, s'allèrent loger en une isle enclose « entre le Rhosne et la Saône, où à présent est l'abbaïe d'Ainai, et « donnèrent commencement à la ville de Lyon. »

Il paraît que Vienne, bâtie, dit-on, par un grec nommé Ascatides, était déjà une ville importante 63 ans avant la fondation de Rome. La capitale du pays des Allobroges fut constamment, par la suite, Vienne en Dauphiné. Les autres petites villes, ou *oppida*, de ce même pays, suivant les monuments romains et leurs itinéraires, étaient en Savoie : Genève; *Necium Allobrogum* ( Annecy ), *Aquæ* ( Aix ), *Lemencum* ( Lémenc ), *Mantala* ( Montmélian, selon quelques-uns, et plus probablement Bourg-Evescal, chef-lieu de la commune de Saint-Jean-de-la-Porte, selon les autres ), *Etanna* (Yenne), *Augustum* (Aoste près de St-Genix), *Axuma* ( Aime), etc. Chorier est un de ceux qui ont donné les plus grands détails sur les anciens Allobroges, et parmi les auteurs nouveaux, M. le chanoine Chuit et M. Delorme, bibliothécaire et conservateur du Musée de Vienne, savant aussi modeste que distingué, à qui l'on doit les recherches les plus précieuses sur les monuments de cette ancienne capitale des Allobroges.

[2] D'après le père Philibert Monet, jésuite.

tous deux, le premier en l'an 34, et l'autre en l'an 100 de Jésus-Christ.

Dès ce moment, les Allobroges firent partie intégrante de la nation gauloise, et l'histoire nous apprend que lors de la célèbre expédition de Bellovèse et de Sigovèse, ils prirent une part active et brillante à cette invasion des Gaulois en Italie et en Grèce, ce qui fut d'une conséquence immense pour les Allobroges; car, rentrés dans leurs foyers, ils racontèrent ce qu'ils avaient vu au milieu de tant de peuples civilisés, et s'efforcèrent de les imiter.

Maintenant, depuis quelle époque les Allobroges habitaient-ils ces contrées? D'où sortaient-ils? Nous sommes sans renseignements précis à cet égard. Les Druides interdisant sévèrement d'écrire l'histoire, les premiers écrivains ne purent se faire les échos que d'une tradition altérée et souvent merveilleuse.

Notre intention n'est pas d'entrer dans la nuit profonde du développement des races en général ; mais on ne lira peut-être pas sans intérêt les détails suivants, puisés aux sources de Rochex et Fodéré.

Après le déluge, disent ces auteurs, le peuple se multiplia de telle sorte que Noé jugea bien qu'il fallait faire une distribution du globe. C'est pourquoi, partageant la terre en diverses parts, il assigna à chacun de ses fils ses domaines. L'Europe fut divisée en quatre royaumes : l'Italie, l'Espagne et la Gaule transalpine. (Il n'est pas fait mention du quatrième.) Ce dernier royaume étant échu à Javan dit Samathois, fils de Japhet, il partit sur un navire que son père lui avait appris l'art de fabriquer, et escorté d'une partie de son peuple, il aborda en Italie, s'étendit peu à peu dans le beau pays de Gênes, et empiétant toujours, à la manière des conquérants modernes, il traversa les Alpes, le Mont-Cenis, et par là furent peuplés la Savoie et autres lieux circonvoisins. Cette domination, qui prit la forme d'un gouvernement électif, dura jusqu'à l'an 391 du déluge, qu'Allobrox, iduméen de naissance, s'empara du pays et lui donna son nom. Il y eut sous la dynastie de ce chef trente rois, et Cathurigus, qui en fut le 13e, fonda Chambéry 971 ans avant Jésus-Christ. Cette domination ne cessa qu'en l'an 67 de l'ère chrétienne, époque à laquelle Néron, au mépris de la promesse des Romains auxquels elle était soumise, réduisit l'Allobrogie en province romaine, qui fit alors partie de la seconde Narbonnaise *(provincia Narbonensis ulterior)*.

Mais en voilà bien assez sur l'origine des Allobroges et les généalogies sinon fabuleuses, au moins bien aventurées, de Rochex et de Foderé. Reprenons notre récit où nous l'avons laissé, c'est-à-dire à l'époque où, revenue de son expédition d'Italie et de la Grèce, cette nation rentrant dans ses pénates, mit à profit les leçons qu'elle avait prises en combattant avec les Gaulois.

L'histoire fait ici une pose, pendant laquelle on est sans renseignements sur ce que firent les Allobroges, jusqu'à l'apparition d'Annibal sur leurs frontières, 217 ans avant Jésus-Christ. Mais tout porte à croire qu'ils employèrent ce temps à se dépouiller de leur ancienne rusticité, à devenir humains, bons et hospitaliers, en même temps qu'à augmenter leur puissance et leur richesse.

Ce qui confirme cette supposition, c'est l'accueil qu'ils firent au général carthaginois, en se portant à sa rencontre, et les denrées de toute sorte, vêtements, armes, munitions, chaussures, dont ils approvisionnèrent son armée, composée de 32,000 hommes, 8,000 cavaliers, 30 éléphants et d'immenses bagages. Brancus était alors roi du pays, et un frère cadet de ce prince lui disputait la couronne. Choisi pour arbitre dans cette affaire, Annibal rend justice à Brancus et l'affermit sur son trône. Tite-Live nous apprend qu'alors déjà ce peuple avait un sénat, des princes et de grands personnages.

Quatre-vingts ans plus tard, lorsque les Romains les inquiétèrent, les Allobroges étaient devenus une nation redoutable, et qui montra ce que peuvent des peuples attaqués dans leur indépendance et avides de la conserver. Retranchés dans leurs montagnes, ils firent subir des pertes considérables aux Romains, qui leur livrèrent plusieurs combats et trois batailles sans pouvoir les réduire. Enfin, Fabius Maximus parvint à les vaincre, mais ils se révoltèrent plusieurs fois depuis, et ce ne fut réellement que l'an 692 de Rome, soit 40 ans avant l'ère chrétienne, qu'ils furent définitivement soumis.

Maîtres enfin de l'Allobrogie, les Romains, soit par respect pour la valeur de ses habitants, soit qu'ils voulussent les enchaîner par des bienfaits, ne leur firent payer aucun tribut, ne touchèrent ni à leurs usages, ni à la forme de leur gouvernement, s'engagèrent à les défendre contre leurs ennemis, et obtinrent pour deux sénateurs viennois l'entrée dans le sénat de Rome.

La domination des Romains fut douce, et si l'on en excepte les petites vexations de quelques proconsuls, pendant les cinq siècles et demi qu'elle dura, l'Allobrogie participa à tous les embellissements et à toutes les grandes choses qui marquèrent la durée de l'empire de cette ancienne reine du monde. Elle eut alors des écoles, des temples[1], des académies, des poètes connus sous le nom de *bardous*, aux suffrages desquels Horace et Martial attachaient un grand prix, ainsi que Cicéron, dont l'allobroge Trogue-Pompée avait été le professeur. Pendant la longue paix dont l'empire romain jouit à cette époque, l'Allobrogie vit augmenter sa population et plusieurs cités se bâtir.

Les villes d'Aix, Rumilly, Albens, Annecy, Aime, etc., en Savoie, belles jadis de tout le luxe dont les Romains environnaient leurs constructions, durent leur existence à cette époque mémorable.

Les Allobroges se montrèrent reconnaissants de tant d'avantages; aussi les voit-on, mêlés aux armées romaines, rendre en tout temps de grands services à l'Empire. Un des plus importants fut de découvrir la conspiration de Catilina à Cicéron, qui, grâces aux preuves qu'ils lui fournirent, sauva

---

[1] Les inscriptions et les restes échappés au ravage des temps prouvent que les premiers habitants de la Savoie adoptèrent les superstitions de presque tous les peuples qui les conquirent ou dont ils étaient voisins. Avec les Gaulois, ils adorèrent Mercure, Apollon, Mars, Jupiter et Minerve. Esus, Teutatès, Osiris et le dieu Pen eurent des autels dans les Alpes grecques et penines, c'est-à-dire en Tarentaise et dans les environs du Grand-St-Bernard.

Rome d'un des plus grands dangers qu'elle ait jamais courus.

Les Helvétiens ne réussirent pas mieux que Catilina dans la tentative qu'ils firent pour ébranler la fidélité des Allobroges, lorsqu'ils leur demandèrent le passage de leur pays pour pénétrer dans les Gaules. César s'étant rendu en diligence à Genève, dont il fit abattre le pont, et ayant muni d'un fossé et de boulevards les bords du Rhône, depuis cette ville jusqu'à la montagne du Wache qui s'élève vis-à-vis le fort de l'Ecluse, les Allobroges, rassemblés par ses ordres, défendirent courageusement les retranchements qu'il avait fait élever, et repoussèrent toutes les attaques des Helvétiens, qui tentèrent plusieurs fois de passer le Rhône sur des radeaux.

La domination romaine en Allobrogie avait commencé 123 ans avant Jésus-Christ; elle cessa en l'an 395 de l'ère chrétienne, à la chute de l'empire d'Occident.

Cet espace de 555 ans fut l'époque la plus florissante des Allobroges, qui acquirent, sous d'aussi puissants maîtres, un haut degré de civilisation.

L'abaissement de Rome les livra à toutes les horreurs des pays conquis par des nations barbares. On va voir tous les maux que l'impéritie d'Honorius fit pleuvoir sur cette malheureuse contrée.

Alors, disent tous les historiens qui ont fait le tableau de cette époque à jamais désastreuse, alors on vit le Nord vomir des millions de barbares.

Des hommes étrangers à toute civilisation se frayèrent une route au milieu des provinces de l'empire, puis inondèrent l'Italie et les Gaules de leurs hordes féroces et sanguinaires. Du sein de ces peuples innombrables et farouches surgit un homme dont le nom seul encore aujourd'hui fait naître l'épouvante. Attila, surnommé le *Fléau de Dieu*, rapide comme une vengeance céleste, à la tête des Huns, des Vandales, des Hérules, des Goths et de vingt autres nations barbares, Attila soumet l'Orient, humilie les empereurs, met à feu et à sang plus de trente nations et deux cents villes, et marche en triomphateur dans l'Europe entière, qui reste stupéfaite, anéantie de la rapidité de ses conquêtes et de l'atrocité de ses vengeances.

Quelques flots de son armée couvrent la Savoie, et bientôt des monceaux de ruines attestent seuls qu'elle eut autrefois des cités.

Pendant que ce farouche vainqueur promène en Europe l'épouvante et le massacre, l'incendie, les dévastations, le pillage et la mort, quelques légions de Vandales se fixent dans les Gaules, s'y bâtissent des bourgs, et par-là se font appeler *Bourguignons*. Plus tard, ces Vandales devenus Bourguignons étendent leurs conquêtes jusqu'aux rives du Rhône, qu'ils franchissent bientôt, et se rendent maîtres de la Savoie en 434.

Mais l'ambition ne tarde pas de désunir les nouveaux maîtres de ces contrées, qui s'entr'égorgent pour se dépouiller de leurs états.

Clovis, roi des Francs, sous le prétexte de punir leurs cruautés, mais en réalité pour augmenter son royaume, déclare la guerre aux Bourguignons, les défait, et bientôt tout ce qui est échappé à la fureur des Huns et des Vandales, devient la proie des nouveaux conquérants. Enfin, après quelques autres combats, la Savoie ne tarde pas d'obéir à la Gaule Française. Ainsi finit le règne des Bourguignons, après avoir duré 102 ans.

Régie par les Francs, la Savoie sera-t-elle enfin heureuse après toutes les vicissitudes qu'elle a éprouvées, tous les désastres qu'elle a subis? Hélas! pouvait-elle faire autrement que de participer à toutes les calamités et à tous les fléaux qui désolèrent la France sous les descendants de Clovis, sous une reine comme Frédégonde, et sous des rois que l'histoire a flétris avec justice du nom de fainéants! A part deux ou trois princes, entachés de moins de vices, qui firent quelque chose pour elle, l'antique Allobrogie, trop faible pour rompre ses chaînes, eut à supporter tout ce que supportent les peuples vaincus.

Au milieu de cet abrutissement général que donne la servitude, de cette absence de civilisation qu'elle ne pouvait recevoir de personne, on vit la Savoie décroître rapidement, ses derniers monuments disparaître, ses traditions s'effacer, l'ignorance parvenir à son comble, et des cahutes de bois ou de pierre difforme s'élever sur les débris des cités bâties par les Romains et le marbre de ses anciens temples.

Une fois le sentiment de sa nationalité perdu, un pays marche vite à sa ruine. Si la Savoie ne perdit pas tout-à-fait le souvenir de la sienne, elle va prouver que l'inertie et l'ignorance sont plus fatales à un peuple que les déprédations des barbares.

« Vers ce temps-là, dit M. Chuit dans sa Notice sur les Allobroges, on vit la nature, sans bras pour la cultiver, se montrer inculte et sauvage; les torrents, devenus libres, se creusèrent des abîmes en formant des monticules de leurs débris; la terre, abandonnée sur le penchant des collines, fut entraînée par les pluies, et ne laissa voir que des rochers nus et arides, et les vallées des montagnes, sans habitants, se couvrirent d'immenses forêts. La sollitude, en un mot, remplaça ces lieux fertiles qu'habitèrent autrefois tant de peuples vaillants et civilisés [1]. »

Tel est le tableau réel et non exagéré de ce que furent pendant plusieurs siècles, non-seulement la Savoie, mais encore la plupart des peuples rangés sous la domination des rois francs.

L'avénement de Charlemagne au trône fit faire, il est vrai, une halte à cette décadence générale; mais les améliorations dont ce grand monarque dota la Savoie furent neutralisées, à la mort de ce prince, par la faiblesse de son fils Louis, dit le *Débonnaire*.

Forcée de prendre part aux luttes sanglantes que les enfants de ce malheureux prince se livrèrent entre eux, l'Allobrogie perdit bientôt tous les avantages qu'elle tenait de Charlemagne, pour devenir la proie de Boson, comte d'Arles, puis ensuite de Raoul, comte de Paris, qui se fit cou-

---

[1] On croit que ce fut vers cette époque que le lac du Bourget, qui couvrait autrefois le sol où est maintenant bâti Chambéry, se retira dans son lit actuel.

ronner en 807, à S$^t$-Maurice en Vallais, et reconnaître légitime souverain du second royaume de Bourgogne, sous le nom de Rodolphe I$^{er}$. La domination des Francs dura en tout 352 ans.

Tombée de nouveau sous la domination des rois bourguignons, on croit peut-être que la Savoie gagna à ce changement de maîtres. Hélas! si les états forts et puissants ont à redouter les vicissitudes humaines, si Rome elle-même, après avoir dicté des lois au monde pendant 1162 ans, se vit démembrée et la proie de peuples barbares, combien à plus forte raison les petites puissances n'eurent-elles pas à souffrir de l'asservissement et du despotisme!

La Savoie était destinée à toutes les épreuves comme à tous les envahissements. On l'a vue tour-à-tour subir le joug des Romains, des Vandales et des Francs; cette fois encore, sous le règne des princes bourguignons, nous allons la voir envahie par un peuple venu du fond de l'Arabie.

Vers le milieu du X$^e$ siècle, les Sarrasins forcent les gorges des Alpes, brûlent S$^t$-Jean-de-Maurienne, et inondent de leurs féroces légions la Tarentaise et le Faucigny. Tout ce qui a échappé au fer et au feu des Huns et des Francs devient la proie de ces enfants du désert.

C'en était fait de la nationalité antique de la Savoie, si Conrad-le-Pacifique, troisième roi de cette nouvelle dynastie, n'eût imaginé un stratagème pour en purger ses Etats. Attaqué par deux ennemis à la fois, les Hongrois et les Sarrasins, il appelle ces derniers à son secours contre les Hongrois, les anime au combat les uns contre les autres, et lorsque, dans le fort de l'action, les deux partis s'attendent à être secourus, Conrad les enveloppe et les taille en pièces. Cette victoire fut suivie d'une paix de quelques années, pendant laquelle la Savoie put respirer un peu et relever ses églises, dont Conrad se montra zélé protecteur. Mais la mort de ce prince, qui arriva en 993, laissa les rênes du gouvernement entre les mains de Rodolphe III, prince pusillanime, dont la négligence faillit causer de grands maux à l'Etat.

Honteux d'obéir à un prince avili, les seigneurs et les hauts barons, introduits par Clotaire au VIe siècle, et qui étaient devenus fort puissants retranchés dans leurs demeures féodales, parlent de le déposer [1]. Conrad les prévient en léguant ses Etats

---

[1] Féodalité vient du mot *feod*, récompense militaire, et *dare*, donner, parce que c'était en effet des récompenses que les rois donnaient à leurs généraux, en leur abandonnant l'usufruit des terres

à l'empereur d'Allemagne, dont l'heureuse politique et l'influence soutinrent sa puissance ; mais ce monarque étant mort avant Rodolphe, ce dernier confirme la donation de ses Etats à l'empereur Conrad II, dit le *Salique*, un de ses neveux, et meurt sans postérité. La mort de Rodolphe fit

qu'ils avaient conquises par leur valeur. — Dans le moyen-âge on appela cet usufruit *fief*, ou *feudum*. Ceux qui étaient gratifiés de ces bénéfices formèrent plus tard le corps de la noblesse, destiné à la défense de la patrie. Au premier ordre du souverain, ils étaient tenus de venir à son secours avec leurs hommes d'armes.

Après l'extinction des derniers rois de Bourgogne, les fiefs étant devenus héréditaires, tous les vassaux furent soumis aux marquis, comtes et barons qui se trouvaient indépendants.

*Marquis* vient du mot *marches*, ou frontières du pays, que ces seigneurs étaient plus spécialement chargés de défendre. Les *comtes* furent ainsi appelés parce que, dans le principe, ils furent préposés aux *comptes* et à l'administration d'un territoire, ou plutôt parce qu'ils étaient les compagnons d'armes du souverain, *comites*. Les *barons*, dont le nom dérive du mot *bar*, qui signifie *fort* et *vaillant*, furent de tout temps les capitaines les plus distingués de l'armée. Sous le titre de *bannerets* on désignait des vassaux-chefs qui, en temps de guerre, au premier *ban* de leur châtelain, étaient tenus de réunir sous leur bannière tous ceux qui dépendaient de leur fief.

Le système féodal fut un grand bien et un grand malheur ; mais une nécessité de ces temps d'anarchie. — Un grand bien, parce qu'il donna au peuple un frein, des lois et des protecteurs capables de le défendre. — Un grand malheur, parce que ces protecteurs, devenus de petits souverains, furent plus tard quelquefois des tyrans toujours prêts à s'entr'égorger avec leurs voisins, et qui firent subir des vexations de toute sorte aux malheureux serfs qui étaient sous leurs ordres.

naître à Eudes II, comte de Champagne, fils de la sœur aînée de ce prince, le désir de s'approprier son héritage. Il fut favorisé dans ses prétentions par Gérold, comte de Genève, et par l'évêque de Maurienne. Mais Humbert-aux-Blanches-Mains, comte de Maurienne, prit parti pour l'empereur, et la justice secondant leurs efforts, Eudes fut défait et tué dans les plaines de Bar-le-Duc en 1037 ou 1038. Conrad récompensa son vassal par la donation du comté de Savoie.

Nous voici arrivés à l'époque où l'auguste dynastie qui règne avec tant de gloire sur la Savoie depuis plus de huit siècles, prend naissance. La date précise de son apparition dans l'histoire a été longtemps un objet de controverse parmi une foule d'écrivains ; mais d'après M. le sénateur comte de Vignet, celui de tous les auteurs qui présente le plus de preuves concluantes, il est maintenant reconnu que ce fut vers l'an 1010 que Humbert-aux-Blanches-Mains parut sur l'horizon politique. Cette date dérange la chronologie que nous avons citée plus haut, nous l'avons néanmoins employée, parce qu'elle est la plus généralement répandue. [1]

---

[1] Voir del Bene, *De Regno Burgundiæ*. — Duchesnes, *Hist. de Bourgogne*. — Moreri, Feller, Grillet, et l'*Art de vérifier les dates.*

Notre intention n'est pas de raconter par quelle succession d'événements les princes de la Maison de Savoie, alliant au plus haut degré les vertus guerrières aux talents politiques, employant tour-à-tour les négociations habiles et la force des armes, parvinrent à conquérir la haute position qu'ils occupent aujourd'hui dans le concert européen. Ce serait une histoire qui demanderait à la fois et un plus grand cadre et un plus digne historien ; mais nous croirions laisser cette Notice incomplète, si nous ne tracions sommairement les principales phases de la grandeur de cette Maison.

A Humbert-aux-Blanches-Mains, tige incontestable de la Maison de Savoie, succéda Amé, puis Oddon, qui épousa, en 1047, Adélaïde de Suze, et posa ainsi au-delà des Alpes les premiers fondements de la puissance de sa race. Héritiers des grands biens d'Oddon, les princes qui lui succédèrent jusqu'en 1188 les agrandirent encore par la soumission de plusieurs villes d'Italie qui, lasses du gouvernement populaire, vinrent se ranger volontairement sous leurs lois.

Jusqu'à cette époque, les comtes de Savoie n'avaient porté d'autres titres que ceux de comtes de Maurienne et marquis d'Italie ; le valeureux comte Thomas fut le premier qui s'intitula *Comes*

*Sabaudiœ.* Son fils Pierre, déployant un génie non moins remarquable que celui de son père, fit la conquête du pays de Vaux, et recula sa domination jusque dans le cœur de l'Helvétie.

Sous Amédée V, à qui la postérité a décerné le titre de Grand, les Etats de Savoie prirent encore un surcroît d'extension. Ce prince, en épousant en 1272 Sibille de Baugé, rangea sous ses lois la majeure partie de la Bresse. Edouard et Aymon, fils d'Amédée V, préparèrent le règne d'Amédée VI, dit le *Comte-Vert*, qui fut un des plus brillants de la dynastie. Sous ce règne, le Faucigny, longtemps possédé par les Dauphins, devint la propriété des nobles successeurs d'Humbert.

En 1416, l'empereur Sigismond érige la Savoie en duché, et Amédée VIII, qui en est le premier duc, acquiert le comté de Genevois. Sa piété le fait appeler quelque temps après à la chaire de saint Pierre, qu'il occupe pendant plusieurs années sous le nom de Félix V.

Par son mariage avec Charlotte de Lusignan, en 1458, Louis s'assure des droits perpétuels aux royaumes de Chypre et de Jérusalem.

En 1536, les agrandissements de la Maison de Savoie subissent une halte, et pendant près de deux siècles, tantôt vainqueurs, tantôt vaincus, mais jamais découragés, ses ducs font l'apprentissage du malheur; mais Emmanuel-Philibert récupère glorieusement l'héritage de ses ancêtres, et son fils Charles le consolide par son traité de paix avec Henri IV, qui lui cède le marquisat de Saluces, en échange de la Bresse, du Bugey, du Valromey et du pays de Gex.

De nouvelles dissensions ouvrent la Savoie aux armes victorieuses de Louis XIII et de Louis XIV; mais la paix d'Utrecht, survenue en 1713, donne à Victor-Amédée II plus que la guerre ne lui a ôté. Avec le titre de roi de Sardaigne, qu'il assure à sa race, il unit encore à ses Etats un grand nombre de provinces, de villes et de châteaux-forts.

Enfin, Charles-Emmanuel III, son successeur, prince aussi grand politique qu'habile guerrier, acquert en 1736, 1743 et 1748, par les traités de Vienne, de Worms et d'Aix-la-Chapelle, les provinces de Novare, de Tortone et quelques autres lieux du Milanais.

Nous touchons à un interrègne de 22 ans, pendant lequel les Etats sardes firent partie de la France par le droit du plus fort; mais les traités de 1814 et de 1815 restituèrent à Victor-Emmanuel l'héritage de ses pères, qui s'accrut encore de l'important duché de Gênes.

Aujourd'hui, la Savoie et les Etats sardes, rendus à leurs souverains légitimes, forment une puissance sinon de premier ordre, au moins respectable et importante par sa position, qui en fait la clé de l'Italie.

Depuis 1831, le trône est occupé par Sa Majesté Charles-Albert. La paix profonde dont jouissent ses peuples est un effet de la sage politique de ce monarque, et le titre de duc de Savoie qu'il conserve toujours comme un des plus beaux fleurons de sa couronne, montre qu'il n'a pas oublié le berceau de ses ancêtres.

# COUP D'ŒIL SUR LA SAVOIE ACTUELLE.

—∞∞∞ ∞∞∞—

Après avoir analysé rapidement les diverses phases de grandeur et de décadence qu'eut à subir la Savoie pendant tant de siècles, on ne lira peut-être pas sans intérêt quelques détails sur sa position topographique, la richesse de son sol et les mœurs de ses habitants.

La Savoie est peu connue en général, et l'idée que s'en forment les étrangers, basée sur la condition inférieure de ces hommes probes et intelligents que la misère et une ancienne habitude font émigrer chaque année, est des plus fausses [1]. La meilleure manière de détruire des préjugés est de citer des faits ; l'*Italie pittoresque* fait raison de ces pré-

---

[1] Il est fâcheux que le nom de *Savoyard* ait acquis, par sa terminaison en *ard*, un sens qui l'ait fait adopter pour un terme trivial. C'est à la désinence du mot plutôt qu'à l'intention de blesser une nation brave et courageuse, que le Dictionnaire a dû de ranger ce terme parmi ceux qui servent à qualifier les gens de basse profession, *de quelque pays qu'ils soient*. Mais le préjugé n'existe pas moins, et lorsqu'il se joint à l'ignorance, il amène quelquefois les plus grotesques aventures. Nous garantissons l'exactitude de celle qui va suivre, arrivée en 1841 à un de nos amis, M. L$^t$ J....., comme il se rendait de Calais à Douvres.

Un bateau à vapeur est comme une table d'hôte, on y fait vite connaissance. La connaissance acquiert un charme et une intimité de plus, lorsqu'on ne connaît pas l'anglais, et que, voyageant sous pavillon britannique, on rencontre quelqu'un avec qui causer. Au nombre des passagers était une dame que M. J..... avait entendue parler français : la conversation s'engagea. Après l'exorde ordinaire des personnes qui se voient pour la première fois, on vint à parler de la France que l'on quittait, du pays que l'on allait voir. M. J..... voyageait pour ses plaisirs ; c'était au mieux ; Madame avait appris qu'elle était Rouennaise et allait rejoindre son mari, employé comme mécanicien-chef dans une fabrique de Londres ; mais quelques larmes attestaient que ce n'était pas sans chagrin qu'elle abandonnait ainsi sa chère patrie. M. J....., en homme bien né, hasarda quelques consolations, et par une transition subite qui devait donner le change à ses regrets, lui demanda si son mari était du même pays qu'elle.

— Oh ! non, Monsieur, répondit-elle, mon mari est de bien plus loin que Rouen ; il est Sardonais.

— Sardonais ! répliqua M. J..... étonné et se creusant la tête pour chercher dans quelle partie du globe pouvait être situé un peuple de

jugés et de ces dédains dans le passage suivant :

« La Suisse et la Savoie, dit-elle, sont deux sœurs jumelles qui se tiennent et se ressemblent; filles de la nature qui les a dotées d'attraits égaux,

ce nom.... Sardonais !.... Mais sa mémoire ne lui disant rien, involontairement il répondit par cette formule usitée à l'époque, et à laquelle la prononciation de Frédéric Lemaître a donné tant de vogue : *connais pas!*

— Comment, Monsieur, vous ne connaissez pas les Sardonais ! mais moi qui vous parle, j'ai vu quantité d'écus de cinq francs frappés à l'effigie des souverains de ce pays-là. Du reste, puisque vous êtes si peu ferré sur votre géographie, je veux bien vous apprendre que mon mari est de Sallanches, une ville qui a brûlé il y a fort peu de temps.

— Mais alors, Madame, dit M. J..... en souriant, votre mari est Savoyard.

— Pour qui nous prenez-vous? répliqua vivement la dame avec un air offensé. Mon mari est Sardonais, et n'est pas plus Savoyard que vous........

— Mais, dans ce cas, il pourrait bien l'être autant, se hâta de dire M. J..... en l'interrompant ; je suis Savoyard comme votre mari, à la différence près que je suis de la capitale, et qu'il est de la province.

La Savoie est un pays comme un autre, qui fait partie des Etats du Roi de Sardaigne, et voilà pourquoi votre mari vous a dit improprement qu'il était Sardonais.

Cette explication rassura pleinement la Rouennaise, qui rit beaucoup de son ignorance et des scrupules de son mari à lui taire le vrai nom de son pays.

— Il existe une dissertation très curieuse sur les mots *Savoyard* et *Savoisien*, par M. G.-M. Raymond. (*Mémoires de la Société royale académique de Savoie*, tome IV, page 256 et suivantes.)

si l'une a plus d'admirateurs que l'autre, il faut s'en prendre aux caprices des hommes. Aussi bien que la Suisse, la Savoie offre de grands spectacles, de beaux lacs, des torrents écumeux, des cascades grondantes, d'épaisses forêts, des solitudes tour-à-tour imposantes et gracieuses, des pics de rochers qui fendent les nues; les montagnes y développent autant de magnificence, avec de pareils abimes et de semblables phénomènes... Cependant de tous les coins de l'Europe, les curieux viennent en Suisse par légions; ils s'y arrêtent le plus qu'ils peuvent; ils n'en voudraient perdre aucun détail; tandis qu'ils ne font que traverser la Savoie, si elle se trouve sur leur chemin. On comprend cet enthousiasme pour l'une, mais on ne s'explique pas cette indifférence pour l'autre, et il y a certainement dans une telle partialité un peu d'entrainement irréfléchi. En serait-il de certains pays comme de certains talents, qui doivent leur réputation à de favorables chances du sort? »

Et pour citer une autorité dont la compétence ne sera refusée par personne, voici quel portrait Jean-Jacques Rousseau fait du peuple savoyard dans ses *Confessions :*

« L'accueil aisé, l'esprit riant, l'humeur facile
« des habitants de ce pays, me rendirent le com-

« merce du monde aimable, et le goût que j'y pris
« alors m'a bien prouvé que si je n'aime pas les
« hommes, c'est moins ma faute que la leur... C'est
« dommage que les Savoyards ne soient pas riches,
« ou peut-être serait-il dommage qu'ils le fussent;
« car tels qu'ils sont, c'est le meilleur et le plus
« social peuple que je connaisse. »

Nous n'ajouterons rien à un pareil éloge.

La Savoie est comprise dans le 45ᵉ degré 4 minutes et le 46ᵉ degré 24 minutes de latitude, et le 3ᵉ degré 16 minutes et le 4ᵉ degré 48 minutes de longitude orientale du méridien de Paris; elle est bornée au nord par le lac Léman et le canton de Genève; au couchant par le Rhône, qui la sépare de la France; au midi par le Guiers et les montagnes du Dauphiné, et au levant par la chaîne des Alpes, qui la sépare du Piémont, du val d'Aoste et du Valais [1]. Son sol, témoignage irré-

---

[1] Cette portion des Alpes sur laquelle s'appuie la Savoie avait déjà été divisée par les anciens en trois grandes sections, savoir : les Alpes pennines, les Alpes grecques et les Alpes cottiennes.

La largeur de la chaîne des Alpes proprement dites, en y comprenant celle de leurs montagnes primitives et secondaires, peut être évaluée à quarante lieues; les pics les plus élevés se trouvent entre le Mont-Iseran en Tarentaise et le Brenner dans le Tyrol. Les anciens Romains se servaient de la dénomination *Alpes* pour désigner

cusable des cataclismes qui le bouleversèrent, est couvert de montagnes élevées¹ formées par les chaînes transversales qui se détachent des Alpes, et sillonné par de nombreuses et profondes vallées. A l'ouest et au sud sont quelques plaines fertiles.

Un septième environ de sa surface est occupé par des forêts, et un sixième par des rochers, des glaciers et des rivières. Sa superficie totale, y compris ses lacs et ses rivières, est de 1,086,724 hectares, et sa population est de 564,237 âmes.

La Savoie forme une des neuf divisions militaires qui composent la partie continentale du royaume de Sardaigne, et son territoire est divisé en sept provinces qui portent les noms de Savoie-Propre,

---

les montagnes les plus élevées de l'Italie ou de son contour septentrional. *Alpes sunt Italiæ arces.* (POLYBE.)

On ne comprenait autrefois, sous la dénomination de Savoie, que le pays compris dans la vallée de l'Isère, depuis Chapareillan jusqu'à Conflans, le territoire des Bauges, les vallées de Chambéry, d'Aix et du Bourget. Les descendants des premiers Comtes de Savoie ayant acquis, par des alliances ou par des traités, les pays voisins de la Maurienne, étendirent successivement le nom de Savoie à toutes les contrées qui furent soumises à leur domination en-deçà des Alpes.

¹ La plus grande hauteur du sol de la Savoie au-dessus du niveau de la mer est au Mont-Blanc, qui est le point le plus élevé de l'Europe; et sa partie la plus basse est à St-Genix, au confluent du Rhône et du Guiers.

*[Note manuscrite en haut: Le territoire de l'annexion divisé en sept provinces dont nommément Savoie-propre]*

Genevois, Faucigny, Haute-Savoie, Tarentaise, Maurienne et Chablais. A la tête de chacune d'elles est un commandant militaire et un intendant. Chaque province est répartie en mandements ou cantons, et chaque mandement divisé en communes.[1] A titre de capitale, Chambéry est le siège d'un gouverneur-général, qui a la haute-police de tout le duché, et d'un intendant-général chargé de l'administration civile.

Les intérêts des villes, communes et villages sont confiés à un ou plusieurs syndics ou maires, assistés d'un conseil municipal. Ils relèvent de l'intendant-général, soit directement, soit par l'intermédiaire des intendants de la province à laquelle ils appartiennent.

---

[1] Le gouvernement sarde est une monarchie avec un conseil-d'état et des sénats pour la confection des lois. La loi salique est, comme en France, la loi fondamentale de la maison de Savoie. La population générale des États est de 4,650,368 habitants, et la terre-ferme forme neuf divisions régies par des gouverneurs et des intendants-généraux.

Le chiffre de l'armée est de 45,857 hommes en temps de paix, et de 89,476 en temps de guerre. Les forces maritimes se composent de 20 bâtiments de différents bords, non compris les bateaux à vapeur et les navires de petite dimension, ainsi que ceux du commerce. La dette publique du royaume de Sardaigne, rachetable et non rachetable, s'élève à 143,888,888 fr. de capital. Ses revenus sont seulement de 84 millions, dont près de la moitié est absorbée par l'entretien de l'armée.

L'état judiciaire de la Savoie se compose d'un sénat ou cour royale, siégeant à Chambéry, de huit tribunaux de judicature-maje ou de première instance, et de cinquante-un tribunaux de mandements ou justices-de-paix.

Les causes ecclésiastiques, sous les exceptions portées par les lois et les usages, sont jugées dans chaque diocèse par un prêtre ayant le titre d'*Official*; on peut appeler de ses sentences à l'*Official métropolitain*, et en matière d'abus, au sénat.

Chambéry est le siége d'un archevêque ayant pour suffragants trois évêques dans la Savoie, à Annecy, Moûtiers et St-Jean-de-Maurienne. On en compte un quatrième, celui d'Aoste, au-delà des Alpes.

Il existe en Savoie plusieurs sociétés savantes, un grand nombre d'établissements religieux pour les deux sexes, d'institutions pieuses et de maisons de charité. Des caisses d'épargnes et de prévoyance sont établies dans plusieurs villes; on y trouve aussi un grand nombre de colléges, grands et petits séminaires, pensionnats et maisons d'institution établis sur d'excellentes bases et enseignant les meilleurs principes. Si nous voulions rappeler ici les établissements de toute espèce qui sont répandus dans le duché, les corporations, les chevaleries, les précautions d'ordre et de sûreté, nous nous écarterions du but de cette Notice, qui est de s'occuper principalement de la richesse territoriale du pays. Qu'il nous suffise de dire que le Gouvernement, dans sa sagesse, a tout prévu, que la Savoie compte dans son sein les mêmes institutions que la France, dont elle a conservé les mœurs et le langage, et qu'ouverte au progrès, sa civilisation marche de pair avec celle de son siècle.

On ne doit pas juger du climat de la Savoie d'après sa situation méridionale sur la carte, car les hautes montagnes dont elle est hérissée modifient sa température et occasionnent de grandes variations de chaleur et de froid. Ces variations, qui ne sont bien sensibles qu'au sommet des monts et dans la profondeur des vallées, établissent en moyenne une température agréable et saine à laquelle on s'habitue; les nombreux centenaires que l'on trouve en Savoie prouvent qu'elle n'est pas contraire à la santé. Ces extrêmes ont même cela de bon, que la maturité des produits agricoles ne pouvant arriver à la même époque dans des températures aussi différentes, on a la jouissance des fruits printaniers en même temps que de ceux de l'automne.

Les montagnes de la Savoie ont la forme d'un

vaste amphithéâtre dont le Mont-Blanc occupe le sommet; elles s'abaissent insensiblement jusqu'au Rhône par où toutes ses eaux s'écoulent dans la Méditerranée, et forment de jolies vallées creusées par les rivières, dont les principales sont l'Arve, l'Arc et l'Isère. Quelques-unes de ces rivières roulent de paillettes d'or, ce sont le Fier et le Chéran; mais leur exploitation n'est pas avantageuse. Dans un pays aussi heurté et accidenté que la Savoie, et où la neige trouve à se renouveler sans cesse à la crête des monts, on conçoit que les eaux, se frayant un passage du sommet de pics élevés, doivent former de nombreuses cascades. On en rencontre à chaque pas de très pittoresques et de remarquables par leur hauteur, telles que celles de Couz, de Jacob, du Bout-du-Monde, près de Chambéry, et dont le lecteur trouvera une description détaillée dans cet ouvrage, à l'endroit où il est parlé des environs; les cascades de Grésy, près d'Aix; celles du Bayet, à peu de distance du château de Blay, de Glaisse, de St-Gervais et de Passy. Les chutes de Cran, les abîmes du Fier, etc., ont fait de tout temps l'admiration des étrangers.

Les principaux lacs de la Savoie sont le lac Léman, qui baigne les côtes du Chablais; le lac du Bourget, à vingt minutes d'Aix, et le lac d'Annecy, à l'extrémité duquel cette ville est bâtie. Il en existe un grand nombre d'autres moins étendus, tels que ceux du Mont-Cenis, de la Rochette, de Sainte-Hélène, des Marches, de Chevelu, de la Balme, de Montrion, du Gers, de Flones, d'Anterne, de la Girota, du Petit-Saint-Bernard, de la Thuile, de Morzine, du Franchat, etc.

Tous ces lacs et réservoirs abondent en poissons, dont les principales espèces sont la truite, le brochet, le lavaret, l'ombre-chevalier, le carpeau, la lotte, l'alose, la perche, l'anguille, la tanche, la brême, la carpe, le goujon, le vairon, le barbeau, l'armesse, la mirandèle, la dormille, etc.

Puisque nous sommes amené à parler des produits du règne animal, nous dirons que peu de pays renferment une aussi grande variété d'oiseaux, de papillons et d'insectes que la Savoie. Les animaux domestiques et de basse-cour, ceux de la race bovine, les chevaux, les mulets y réussissent très bien ; ces derniers surtout y sont d'une belle race, et sont l'objet d'une assez grande exportation en Toscane et en Espagne. Parmi les animaux sauvages, on remarque le lièvre, le lapin, la belette, la fouine, le putois, le furet, la loutre, le blaireau, le hérisson, l'écureuil, l'hermine, la martre, la marmotte, le chevreuil, le lynx, le loup, le sanglier, l'ours, le chamois, le cerf et le bouquetin des Alpes.

Les naturalistes ont classé le sol des Alpes en sept régions, suivant leur degré d'élévation au-dessus du niveau de la mer. Les neiges éternelles descendent à 2,650 mètres; la région des plantes hyperboréennes vient immédiatement après. A 2,160 mètres commence la région des graminées. Le bétail qu'on y envoie paître ne saurait y demeurer plus de deux mois sans danger. Cette région s'étend jusqu'aux conifères qui commencent à 1,500 mètres. La région des hêtres commence à 1,300 mètres, et celle des chênes, à 900. A cette hauteur, les forêts acquièrent un grand développement, et les arbres de toute nature qui prennent racine dans le sol deviennent une barrière puissante pour protéger les terrains inférieurs contre la chute des avalanches. Enfin, à 580 mètres commence la région des vignes, et quelques mètres plus bas, celle des terrains cultivés.

La Savoie est un pays essentiellement agricole, et son sol est favorable à un grand nombre de productions; mais la culture des terres y est extrêmement pénible, à raison de la situation montagneuse de la plupart des terrains. Le Savoisien intelligent et laborieux triomphe des difficultés que la nature lui a données à vaincre, en labourant à bras les endroits que leur situation rend inaccessibles aux bêtes de somme.

Au nombre des produits agricoles dont la Savoie paie avec le plus d'usure les sueurs du laboureur, on peut citer le maïs, le chanvre, le lin, le colza, la pomme de terre, les légumes, les céréales de tous genres, et une grande quantité de fruits d'espèces les plus variées. Certains coteaux, par leur exposition, produisent des vins excellents. Les vins de S$^t$-Jean-de-la-Porte, de Cruet, de Montmélian, de Chignin, de Monterminod, d'Altesse, de Marétel, de Chautagne, de Seyssel et de Prinscens, jouissent d'une réputation bien méritée.

Avant de dire un mot de l'industrie et du commerce savoisiens, il nous reste à considérer la Savoie sous le point de vue de sa richesse géologique et minérale.

Les pays montueux ont de tout temps été les plus féconds en richesses minéralogiques et l'objet des plus patientes recherches des géologues. La Savoie étant un des points de la terre qui ont été les plus violemment agités, on trouve donc réunis dans ces montagnes presque tous les terrains qui composent l'échelle géognostique. Ils sont si fréquents et si variés, que l'explorateur n'a pour ainsi dire qu'à se baisser pour trouver matière aux études les plus curieuses sur la forme des masses, l'inclinaison des couches, le passage des roches primitives aux roches de transition, et les innombrables matières qui les composent.

La Savoie n'est pas moins riche en minéraux que les pays les plus favorisés, et leur exploitation est l'objet d'un travail qui prend chaque jour plus de développements. On y trouve des mines de houille, de fer, de plomb, d'argent, de cuivre, etc. La vallée de Chamonix renferme elle seule tous les minéraux que nous venons de citer, et en outre, de la plombagine, des pyrites aurifères, du nikel, du titane, de l'asbeste, des topazes, des cristaux, du jaspe et du porphyre. Les provinces de Tarentaise et de Maurienne présentent en grande quantité de l'antimoine, du cobalt, de la baryte, du manganèse, de la houille, du sel gemme. D'autres pays voisins contiennent de l'amiante, du soufre et des ardoises très estimées.

Par une conséquence toute naturelle de cette profusion de minéraux, les eaux minérales sont aussi très nombreuses en Savoie. On y compte près de quarante sources, dont neuf seulement sont thermales ou chaudes.[1] Les principales et les plus fréquentées, après celles d'*Aix*, dont la réputation est européenne, sont celles de *Saint-Gervais* (chaleur, 27 degrés centigrades); *Laperrière* ou *Brides*, près de Moûtiers (30 degrés); *Echaillon*, en Maurienne (38 à 40 degrés); *Bonneval*, en Tarentaise (45 degrés); *Petit-Bornand*, dans la province de Genevois (24 degrés); *La Caille*, près de Cruseilles (30 degrés); *Menthon* (16 degrés); les eaux froides de *La Boisse*, près de Chambéry; de *Challes* et d'*Amphion-Grande-Rive*, près d'Evian, etc. Cette dernière source fut toujours fréquentée avec prédilection par les princes de la Maison de Savoie. La plupart de ces sources, objet d'une sérieuse analyse, contiennent, à des proportions variées, du soufre, de l'alun, du gaz acide carbonique, de la magnésie, de la soude, du fer, de la chaux, de la silice, etc. : celle de Challes contient du soufre au-delà de toutes les proportions connues jusqu'à ce jour, ainsi que de l'iode et du brôme.

---

[1] La cause de la chaleur des eaux thermales a longtemps excité l'attention des géologues. On est à peu près d'accord aujourd'hui pour attribuer la cause de ce phénomène au feu central, dont la température augmente régulièrement avec la profondeur. (Humboldt, Cordler, William, Fox, Dubuisson, J. Bonjean, etc.)

Enfin, la nature qui a déjà tant fait pour la Savoie, lui a donné des grottes et des lacs souterrains qui font l'admiration des voyageurs qui les parcourent. Les grottes les plus étendues sont celles de *Tétérac* en Chablais, de *La Balme* en Faucigny, et de *Bange* dans les Bauges. Nous n'avons garde d'oublier la grotte située au pied du Mont-Anvert et d'où s'échappe l'Aveyron. Les Echelles en possèdent une aussi qui servait autrefois de passage à travers la montagne qui sépare le bassin du Guiers de celui de Chambéry, et qui a près de 300 mètres. Quant à la percée gigantesque que Napoléon fit ouvrir près de cette grotte pour faciliter les communications de la France avec l'Italie, elle est un monument de ce que peut le génie de l'homme, aidé du travail et de la patience, à côté de ces grottes, de ces abimes, de ces tableaux d'une nature bouleversée, formés par le temps, des alluvions séculaires et d'épouvantables cataclismes.

Il nous reste à parler du commerce et de l'industrie manufacturière répandus en Savoie. De nombreuses et importantes fabriques ont pris à tâche, depuis quelques années, de prouver que la Savoie ne se bornait pas à produire des matières premières, mais qu'elle savait aussi les manufacturer.

Parmi les plus considérables, nous citerons une filature de coton, tissage et fabrication de draps à Annecy, employant près de 1,600 ouvriers ; une fabrique d'étoffes de soie à Faverges, occupant 700 ouvriers, et plus de 300 métiers répandus dans les campagnes ; les magnifiques pépinières des environs de Chambéry ; près de 40 hauts-fourneaux employés à la fonte et à la fabrication du fer, de l'acier, du cuivre, du plomb, de la tôle et du fer-blanc ; des fabriques de gazes, de lin, de tulles, de draps et lainages, de toiles ; des filatures et fabriques de coton, de tissus ; des ateliers d'horlogerie et de pièces mécaniques. Enfin, pour ne rien oublier d'essentiel, la Savoie possède des papeteries, des verreries, des brasseries, des tanneries, et des fabriques de liqueurs, de papiers-peints très estimés, ainsi qu'une multitude de petites branches d'industrie qui produisent pour des débouchés circonscrits. Les principales exportations de la Savoie consistent en fromages, beurre, soie grège, chevaux, mulets, génisses, bois, pelleteries, gueuse, etc.

La proximité de la Savoie avec la France et le Piémont, la facilité de se procurer des marchandises par les moyens de contrebande, avaient longtemps comprimé cet essor manufacturier qui se manifeste aujourd'hui. Mais en augmentant la sévérité et le prix des douanes sur les objets de luxe, en diminuant les droits qui pèsent sur ceux de première nécessité, le Gouvernement a compris qu'il forcerait les habitants des pays limitrophes à se créer, comme ceux de l'intérieur, des fabriques nationales, dont l'établissement ajouterait plus tard à la prospérité publique. Pour donner un stimulant de plus à cet essor, de fréquentes expositions des produits de l'agriculture et du commerce ont lieu tant à Turin qu'à Gênes, et dans ces derniers temps surtout, chacun a pu voir par combien d'efforts chaque fabricant a cherché à donner à ses produits cette perfection et ce fini dignes de lui mériter les récompenses que la Chambre d'Agriculture et de Commerce distribue toujours avec impartialité et un rare discernement.

Espérons donc que grâce à ces encouragements, la Savoie se mettra bientôt à même de se suffire par le produit de ses fabriques nationales.

Les douanes alors ne seront plus regardées comme un impôt, mais comme une barrière protectrice du commerce indigène contre les envahissements des importations étrangères. Qu'au lieu de vendre ses soies grèges, la Savoie les fabrique; qu'elle emploie la laine de ses moutons, et les cotons dont le port de

Gênes afflue, sous la direction d'ouvriers capables; et la Savoie, dont le sol est si riche du reste en céréales et en denrées de toute nature, la Savoie trouvera bientôt dans ses provinces et dans les Etats sardes qui lui sont ouverts, des débouchés pour lesquels elle sera sans rivaux, sous la protection des douanes, devenues dès lors un bienfait pour son industrie.

Peu de pays peuvent se glorifier d'avoir, à proportion égale de territoire, donné le jour à un plus grand nombre de personnages illustres que la Savoie. Sans parler des princes de la dynastie régnante dont elle fut le berceau, l'histoire abonde d'une foule de jurisconsultes, de savants, d'hommes d'Etat, de guerriers, de poètes, d'artistes, de saints et de pontifes, qui ont illustré leurs diverses carrières et fait la gloire de leur siècle. On n'apprendra pas sans surprise que la Savoie a fourni aux armées françaises, pendant les guerres de la république et de l'empire, vingt-cinq généraux et près de mille officiers, dont la moitié obtinrent la croix des braves.

Pour ne citer que quelques noms parmi tous ces grands hommes assez nombreux pour former un Plutarque, nous dirons que la Savoie fut la patrie de saint François-de-Sales, de saint Bernard-de-

Menthon, d'Antoine Favre, de Bertholet, de Ducis, de ~~Favre de~~ Vaugelas[1], ~~des de Buttet~~, de Xavier et Joseph de Maistre, ~~des de Costa~~, ~~des Michaud~~, de St-Réal, de ~~Gerdil, de Millet de Challes~~; des généraux de Couz, Chastel, Dessaix, Curial, Pactod; de trois papes, d'un grand nombre d'évêques, de cardinaux, etc., etc.

Comme il serait trop long de les énumérer tous, nous renvoyons le lecteur au *Dictionnaire* de Grillet, ouvrage remarquable dans lequel sont consignés les noms de tous ceux qui, à divers titres et depuis les temps les plus reculés, se sont rendus chers à leur patrie.

La Savoie fut longtemps sourde au mouvement littéraire et scientifique qui caractérise à un si haut degré le XIX<sup>e</sup> siècle; mais depuis quelque temps, une heureuse réaction s'opère. Les recherches de M. le comte de Loche en archéologie et en entomologie, les travaux historiques de MM. le sénateur comte de Vignet, le chevalier G.-M. Raymond, chanoine Chuit, et plus récemment de Mgr Rendu,

---

[1] Un fait digne de remarque, c'est que l'un des premiers écrivains qui ont le plus influé sur l'épuration et la fixation de la langue française fut *Vaugelas le Savoisien*, dont la jeunesse s'était formée au sein d'un établissement littéraire fondé à Annecy, l'an 1607, par saint François de Sales, sous le nom d'*Académie Florimontane*.

de MM. Léon Ménabréa, le marquis Costa de Beauregard, le sénateur baron Jacquemoud et Replat, ont jeté un jour éclatant sur la Savoie. Par des traités spéciaux en médecine et en chimie, MM. C. Despines père et fils et J. Bonjean, se sont acquis une juste célébrité; enfin, les ouvrages et les essais en littérature et en poésie de M$^{lle}$ Jenny Bernard, de MM. le comte Fortis, le chevalier de Juge, Thiollier, Veyrat, Bebert, notaire, Louis ainé, Bénédict Truffey[1], ont prouvé ce que pourraient le talent et le génie s'ils voulaient se dégager des travaux plus graves qui les préoccupent.[2]

Au sein de la paix profonde dont jouit la Savoie, dans le calme et le recueillement des études abstraites, nous savons aussi qu'il s'élabore en ce moment des ouvrages consciencieux et profonds, destinés à produire des chroniques ignorées, des légendes fouillées sur de vieux parchemins, des noms enfouis sous la poussière des siècles, et qui furent autrefois grands et illustres; espérons, dans l'intérêt de la littérature, de la science et des arts,

---

[1] M. Bénédict Truffey, né à Rumilly en 1812, vient d'être nommé par le pape évêque de Callipolis, *in partibus infidelium.*

[2] M. Renaud est aussi l'auteur d'un article remarquable sur la Savoie, dans lequel nous avons puisé de précieux renseignements.

qu'ils ne se feront pas longtemps attendre, et que la Savoie, grâce à ces écrivains, prendra un rang digne de sa haute antiquité et du rôle important qu'elle a joué dans l'histoire.

*DEUXIÈME PARTIE.*

# CHAMBÉRY ET SES MONUMENTS.

Comme toutes les villes anciennes, Chambéry a eu son passé fabuleux.

Selon Rochex, qui écrivait en 1670, « ce fut
« Noé lui-même qui, en l'an 152 du déluge, en-
« voya Javan, dit Samathoès, fils de Japhet,
« peupler la Gaule cisalpine, dans laquelle la Sa-
« voie se trouve comprise. »

Le même auteur ajoute que 116 ans après, Noé fut visiter les colonies de ses fils dans les Gaules, lesquelles étaient alors gouvernées par des rois électifs.

Un autre chroniqueur affirme sérieusement que l'arche de Noé s'étant arrêtée sur le mont Nivolet, qui domine Chambéry, ce fut Cham, un de ses enfants, qui fonda la ville, située au pied de cette montagne, et lui donna la première moitié de son nom.

La seule chose qui étonne, c'est que des historiens graves se soient fait les échos d'une tradition aussi vulgaire. Mais en vérité, était-on plus instruit il y a quelques siècles, qu'aux temps primitifs de l'ancienne Rome, alors qu'un peuple éclairé mettait ses premiers rois au rang des dieux, et que Numa passait pour écrire, sous la dictée de la nymphe Egérie, les lois qui devaient régir sa monarchie naissante !

Le même Rochex, cité plus haut, persistant à soutenir que la Savoie fut peuplée par les fils de Noé, établit ainsi les longues années qui s'écoulèrent depuis le déluge jusqu'à nos jours.

La Savoie, dit-il, cessa d'être gouvernée par les enfants de Javan, l'an du déluge 391, soit 1954 avant l'ère chrétienne, époque à laquelle Allobrox, natif d'Ascalon en Palestine, s'empara de la Savoie et lui donna son nom ; d'où elle a depuis été appelée Allobrogie.

Depuis Allobrox il y eut une succession de trente rois de la même dynastie, et Cathurigus, qui en était le treizième, fonda Chambéry 971 ans avant Jésus-Christ.

Cette domination cessa l'an 67 de l'ère chrétienne, à la mort de Mario Julle Cottius, fils d'un autre Cottius, dernier roi des Allobroges, époque à laquelle Néron réduisit cette contrée en province romaine.

Chambéry, suivant le même historien, était alors une forte ville composée de plusieurs bourgs, en-deçà et au-delà de l'Aisse, et qui s'étendaient jusqu'au château de Candie. Elle fut détruite en 573 et 574, après la chute de l'empire d'occident, par une invasion de Longobards, et il ne resta que le château de Candie, qui retint le nom de Chambéry-le-Vieil, attendu que le Chambéry du présent avait été rebâti.

Enfin Foderé rapporte avoir lu dans Renerius que Chambéry doit son existence et l'étymologie de son nom à Berius, lieutenant d'Arthus, roi de la Grande-Bretagne, lequel existait vers le commencement du VI$^e$ siècle, et qui, « en son
« voyage, lustrant et contemplant cette belle
« plaine, qui tient depuis là où est à présent le
« Bourget jusques près de St-Jeoire, la treuva si

« plantureuse et agréable (ainsi que d'effect on le
« voit depuis le haut des montagnes et advenues
« circonvoisines), qu'il fit bastir cette ville et luy
« donna le nom composé de celui de *campus*
« (campagne) et du sien *Berius*, l'appellant *Cam-*
« *poberium*, et du depuis, par apostrophe, *Cam-*
« *berius* ou *Camberium*, dont la traduction fran-
« çaise a fait Chambéry. »

Rochex s'élève fortement contre cette dernière assertion, prétendant que Berius n'a pu fonder au VIe siècle ce qui existait 971 ans avant Jésus-Christ, « ainsi qu'il en conste des nombreux titres qu'il a
« par-devers lui.[1] » Il repousse avec la même chaleur l'étymologie du mot *chamberoz*, en français écrevisse, d'où un certain Elexius veut que le nom de Chambéry provienne, à cause de la quantité de ces crustacés qui abondaient autrefois dans les lieux occupés maintenant par la ville. « Si Cham-
« béry-le-Jeune, s'écrie-t-il, a tiré son origine
« des escrivisses, d'où Chambéry-le-Vieil, qui fut
« St-Ombre, aura-t-il tiré son étymologie? sauf
« que les escrivisses n'habitent dans les fonde-
« ments du chasteau de Candie. »

---

[1] Il nous semble que ces titres méritaient la peine d'être cités.

Il ajoute, en persifflant, « que le papier a été
« de tout temps servitiable et qu'il porte toutes les
« charges qu'on luy met dessus. »

Suivant cet auteur, et Paradin se trouve d'accord avec lui, Chambéry pourrait bien avoir tiré l'origine de son nom du mot *Camerinum*, par allusion à une chambre de justice, qui aurait existé à Chambéry dès la plus haute antiquité.

Telles sont les premières étymologies données au nom et à la fondation de Chambéry. J'en passe sous silence un grand nombre d'aussi extravagantes ou invraisemblables, pour citer les documents qui paraissent mériter quelque crédit.

Besson croit que Chambéry fut fondé peu de temps après qu'Hermengarde, épouse de Rodolphe III, dernier roi des Bourguignons, fit don à l'abbaye d'Ainay, en 1029, de Lémenc et ses dépendances; et Rochex assure qu'il y avait des seigneurs de *Chamberiaco* en 1036. « Ainsi, dit-il,
« que cela est prouvé dans les actes par lesquels
« ces seigneurs fondèrent les prieurés de Coyse
« et de Voglans, et la signature de Wilffred de
« Chamberiaco, apposée sur la charte de la dona-
« tion de Lémenc, » dont nous avons parlé plus haut.

La coïncidence approximative des dates ferait

ajouter quelque créance à ces deux opinions ; mais s'il est vrai qu'il existait des seigneurs de *Chamberiaco* au commencement du XI$^e$ siècle, il reste à savoir en quoi consistait leur seigneurie. S'agissait-il d'une ville, d'un bourg, d'un village ou d'un simple château? c'est ce que l'on ignore.

Ce qui rend peu probable toute supposition qui tendrait à donner à Chambéry une origine merveilleuse ou trop ancienne, c'est qu'aucun auteur romain ne parle de cette ville, tandis que plusieurs font mention d'Aix *(Acquæ Gratianæ)*, de Lémenc *(Lemencum)*, qui fut une station de la grande voie romaine qui conduisait des Alpes grecques en Dauphiné, et d'une foule d'autres villes. Si Chambéry eût existé de ce temps-là, est-il possible que tant d'auteurs eussent omis d'en parler?

Quelques siècles plus tard, on voit les écrivains garder le même silence lorsqu'ils racontent les dévastations auxquelles la Savoie fut en proie pendant les irruptions des Vandales, des Francs et des Sarrazins. Les villes d'Annecy, d'Aix, d'Aime, d'Albens, de St-Jean-de-Maurienne, qui toutes eurent une page sanglante dans l'histoire de ces temps-là, purent-elles avoir à souffrir de ces barbares sans que Chambéry acquit aussi sa triste part de célébrité?

Les titres les plus certains qui parlent du bourg et du château de Chambéry remontent au XIIe siècle. C'est donc à cette dernière époque que la fondation de cette ville peut être reportée avec le plus d'exactitude.

S'il nous est permis d'émettre une opinion sur une origine enveloppée d'aussi épaisses ténèbres, nous dirons que Chambéry dut être bâti peu à peu, à mesure que les eaux qui recouvraient le sol, à une certaine époque, se furent écoulées, et que les habitants de Lémenc, tentés par l'excellence de ses eaux de boisson et la fertilité du sol, en furent les premiers architectes.

M. G.-M. Raymond, dans son excellente Notice sur l'église de Lémenc, ne pense pas autrement. Quoi qu'il en soit de ces différentes versions et de ces suppositions vraies ou fausses, il est certain que Chambéry fut longtemps la propriété de seigneurs particuliers.

En 1174, Humbert III, comte de Maurienne et de Savoie, avait des prétentions sur Chambéry ; mais cette ville et son château n'en demeurèrent pas moins au pouvoir de leurs premiers maîtres. Grillet nous apprend que, pour trancher toute difficulté, Thomas Ier acheta, en 1232, de Berlion, qui en était alors le seigneur, tous ses droits sur

Chambéry, moyennant 32,000 sols forts de Suze (environ 85,000 francs), et la cession qu'il lui fit du fief de Montfort. Il ajoute que presque aussitôt, Thomas déclara Chambéry ville franche.

Une fois sous la dépendance des comtes de Savoie, Chambéry commence à prendre place dans l'histoire.

Amédée V quitte le château du Bourget, où il est né, pour y fixer sa résidence ; il achète, en 1288, le château de Chambéry des seigneurs de La Rochette, et y fait construire la Sainte-Chapelle. Sous ce prince, les Etats de Savoie prennent une grande extension, et la postérité rend justice à ses éminentes qualités en lui décernant le titre de Grand.

En 1319, Edouard III accueille les Juifs dans sa nouvelle capitale, et Aymon, son frère et son successeur, y établit une chambre des comptes et un conseil suprême pour l'administration de la justice.

Amédée VI, dit le *Vert*, naît à Chambéry en 1344, fait construire à la ville une nouvelle enceinte en 1371, qui n'est achevée qu'en 1441 [1]. Le

---

[1] Foderé dit que cette enceinte était alors entourée « de beaux « fossez entretenus plains d'eau, par la rivière Albanne, qui entre « dans la ville par divers canals, et passe en plusieurs endroits par « dessous les rues et maisons, et se décharge dans les dicts fossez. »

règne de ce prince est un des plus glorieux, et l'histoire nous le montre comme un chevalier accompli. Le surnom de *Vert* qu'il porta, lui fut donné à cause de la couleur verte qu'il avait adoptée pour lui et la livrée de ses gens dans tous les tournois et joûtes, « où il se fit remarquer, « dit Guichenon, par sa grâce et sa merveilleuse adresse. » Un de ses principaux titres de gloire fut d'avoir ajouté le Faucigny, longtemps possédé par les Dauphins, aux biens de ses ancêtres.

La Savoie ayant été érigée en duché par l'empereur Sigismond en 1416, Chambéry devint dès lors le séjour d'une cour nombreuse. Amédée VIII, qui en fut le premier duc, apporta aussi à Chambéry de nombreuses améliorations, acquit le comté de Genevois, et s'apprêtait à de grandes choses, lorsque sa piété le fit placer sur le siége de saint Pierre, sous le nom de Félix V.

Sans frontières au nord, la Savoie eut à souffrir diverses invasions qui la privèrent momentanément de ses souverains légitimes.

En 1536, le duc Charles III, dit le *Bon*, fut dépouillé de ses Etats par les Français, les Bernois, les Genevois et les Valaisans réunis ; mais Emmanuel-Philibert récupéra l'héritage de ses ancêtres, après sa mémorable victoire de St-Quentin, par le traité de Cateau-Cambrésis, du 3 avril 1559. Il fut le premier de sa Maison qui établit une force armée permanente, et qui fixa le siége du Gouvernement au-delà des Alpes.

Henri IV s'empara de Chambéry le 21 août 1600, et le rendit au mois de janvier suivant par la cession qu'on lui fit de la Bresse, du Bugey, du Valromey et du pays de Gex, contre le marquisat de Saluces.

Louis XIII et Louis XIV le conquérirent aussi chacun à son tour, dans leurs guerres avec Victor-Amédée II, et ne le restituèrent qu'en 1713, à la paix d'Utrecht. C'est par ce traité que ce prince, jouet des plus grandes vicissitudes, acquit le titre de roi de Sardaigne pour lui et ses descendants, et eut le bonheur d'augmenter ses Etats d'une foule de provinces et de châteaux de la plus grande importance.

Les Français ne devaient pas être seuls à violer le territoire de la Savoie, et Chambéry se vit encore occupé en 1742 par les Espagnols. Cette occupation dura jusqu'en 1748.

Enfin, les armées françaises, commandées par le général Montesquiou, envahirent la Savoie, et firent leur entrée à Chambéry le 26 septembre 1792; ils en formèrent le chef-lieu du département du Mont-Blanc. Cette ville resta sous la domination française jusqu'à l'acte de restitution du 15 décembre 1815, en exécution du traité du 20 novembre précédent.

Ces différentes invasions et les maux que la guerre traîne toujours après elle, ne furent pas les seuls que chambéry eut à souffrir. La peste vint plusieurs fois décimer sa population, notamment en 1525, 1564, 1577, 1578, 1585, 1593, 1630 et 1721, et de fréquentes inondations firent plusieurs fois craindre à nos pères d'être engloutis. Parmi les plus terribles, on a conservé la mémoire de celles qui arrivèrent en 1348, 1397, 1442, 1449, 1550, 1551, 1553, 1801 et 1808, par les débordement de l'Aisse.

Enfin, Chambéry fut aussi dévasté par plusieurs incendies, mais qui ne le détruisirent jamais en entier, grâce à sa construction un peu mieux assise que celle de beaucoup d'autres villes de la Savoie, et à la promptitude des secours motivés par les sources d'une eau toujours abondante.

Les remparts de Chambéry, dont la circonférence s'était dans la suite agrandie de beaucoup, furent démolis pendant la tourmente révolutionnaire de 1793; mais ce que la ville perdit en aspect militaire et fortifié, elle le gagna sous le rapport de sa beauté intérieure, car ce fut à la même époque que les boulevards furent plantés de ces nombreux platanes et tilleuls qui forment les plus belles promenades de la ville.

Aujourd'hui, Chambéry rentré sous la domination de ses souverains légitimes, est ce qu'on peut appeler une jolie ville; ville, il est vrai, qu'en France on rangerait parmi celles de troisième ordre; mais une ville enfin qui, dans son genre, n'a sûrement pas d'égale sous le rapport des établissements de toute nature qui la complètent.

La position topographique de Chambéry au milieu d'un cercle de montagnes qui ne lui laissent que deux issues assez larges, l'une à l'est, l'autre au nord, empêche qu'on le découvre de loin; mais par quelque route qu'on y arrive, on est étonné de voir une végétation aussi riche, des champs aussi bien cultivés dans le bassin où il est assis.

Mais c'est surtout en parcourant la ville actuelle, en visitant ses monuments, ses établissements de bienfaisance et de charité, en s'initiant à l'ordre admirable qui la régit, comparativement à ce qu'elle était autrefois, qu'il y a lieu de s'émerveiller de l'étonnante métamorphose qu'elle a subie depuis quelques années, et qui l'a rendue, pour ainsi dire, méconnaissable. Une rue neuve, garnie de portiques, qui traverse la ville dans toute sa largeur, depuis le boulevard jusqu'à la place Château, a seule ouvert tout un quartier. Une fois l'impulsion donnée, la pensée d'embellir s'est étendue de proche en proche. La plupart des rues ont été rajeunies, les façades des maisons réparées, des édifices nouveaux se sont élevés de toutes parts. Nous dirons en temps et lieu à quelle main bienfaisante Chambéry dut cette noble émulation et sa nouvelle splendeur ; mais ce que nous pouvons dire dès à présent, c'est que s'il se trouva un homme assez généreux pour consacrer près de quatre millions de sa fortune à l'embellissement de sa ville natale, Chambéry fut heureux de rencontrer dans son sein une administration habile, des conseillers au sens droit, intelligent, non-seulement pour remplir les intentions du donateur, mais encore pour leur imprimer ce cachet d'utilité et de large acception qu'il avait rêvé lui-même.

Sans doute, il faudra longtemps pour donner à ses rues cette rectitude d'alignement que l'on se plaît à rencontrer dans les villes nouvellement bâties ; mais si l'on songe à quelle époque reculée quelques-unes d'elles furent construites, alors que chacun était libre de bâtir sans contrôle et à sa guise, on s'étonnera au contraire des progrès que la nouvelle architecture a faits.

Comme toutes les villes du moyen-âge, Chambéry est fertile en souvenirs historiques : en pouvait-il être autrement pendant les huit à neuf siècles que ses anciens maîtres furent tour-à-tour les favoris de la gloire et les victimes du malheur? Peut-être vous raconterai-je un jour quelques chroniques de cette époque chevaleresque et valeureuse, où les ducs de Savoie se levèrent au cri de Pierre l'Ermite pour se ranger sous l'étendard des croisés, où ils se couvrirent de tant de gloire! Peut-être vous endormirai-je quelque soir au récit des fêtes et des tournois qu'Amédée V et ses successeurs donnèrent à Chambéry! Le temps a détruit les fresques destinées à les perpétuer; mais la tradition qui nous en a transmis les détails, nous assure qu'ils ne furent ni moins brillants, ni moins courus que ceux qui attirèrent, vers la même époque, tant de preux chevaliers dans toutes les cours de l'Europe.

Chambéry se recommande donc à plus d'un titre aux recherches de l'écrivain et de l'archéologue. Son passé est une mine féconde où il n'y a qu'à fouiller pour qu'on en retire des trésors. Plus tard, nous lirons les légendes inscrites au fronton de ses ruines : revenons au Chambéry actuel.

Chambéry est la capitale du duché de Savoie et le chef-lieu de la province de Savoie-Propre. Il compte 17,900 habitants, sans y comprendre deux régiments d'infanterie, trois escadrons de cavalerie, une demi-batterie d'artillerie, et la population flottante des étrangers de passage, qui ne laisse pas que d'être considérable à certaines époques de l'année. La population de tout le duché s'est élevée, dans les dernières statistiques, au chiffre de 564,237 habitants.

Le gouvernement est représenté à Chambéry par un gouverneur militaire qui a la haute-police de tout le duché, et par un intendant-général chargé des affaires civiles.

L'administration de la ville est confiée à deux syndics, assistés d'un conseil municipal, dont les membres sont nommés à vie par le roi.

A son double titre de capitale du duché et de chef-lieu de province, Chambéry possède trois juridictions :

1° Un tribunal de mandement, dont les attributions, avec un peu plus d'extension, correspondent à celles des justices-de-paix en France;

2° Un tribunal de judicature - mage, ou de première instance, dont la juridiction s'étend sur toute la province ; il siége consulairement pour les affaires de commerce ;

3° Un sénat ou cour royale, jugeant en dernier ressort. [1]

Chambéry possède en outre un archevêché, un collége royal tenu par les RR. Pères Jésuites, un grand-séminaire, où l'on enseigne la théologie ; une école universitaire qui comprend les trois premières années de droit et les deux premières de médecine et de chirurgie ; une école spéciale et privilégiée de géométrie-pratique et d'arpentage ; un petit-séminaire situé hors ville ; un enseignement primaire et gratuit confié aux Frères de la Doctrine chrétienne pour les garçons, et aux Sœurs de St-Joseph pour les filles ; une école de dessin, un établissement de sourds-muets pour les deux sexes, et un grand nombre de pensionnats, dont plusieurs se font remarquer par l'excellence de leurs méthodes et la manière dont ils sont tenus.

Sous le rapport des établissements de bienfaisance, Chambéry n'a rien non plus à envier aux villes d'un ordre même de beaucoup supérieur au

---

[1] Par Billet royal du 13 avril 1841, S. M. a créé une commission pour statuer en révision des arrêts rendus par le Sénat et la Chambre royale des Comptes.

sien, ainsi qu'on en pourra juger par le tableau suivant ; il possède :

Un dépôt de mendicité, sous le nom de *Maison de Sainte-Hélène*. [1]

Un hospice pour les vieillards.

Un hospice de charité pour les pauvres et les infirmes.

Un hôtel-Dieu pour les malades.

Un hôpital pour les maladies chroniques, contagieuses et incurables.

Un hospice pour les filles en couches.

Une maison pour les orphelines.

Une maison pour les aliénés.

Une salle d'asile pour les enfants de 3 à 6 ans.

Une fondation de quatre lits par jour pour les voyageurs pauvres.

On comptait autrefois à Chambéry vingt couvents ou communautés religieuses ; mais depuis la révolution française, ce nombre s'est réduit aux suivants, qui tous ont un but d'utilité générale en harmonie avec les progrès et les besoins du siècle :

---

[1] Le titre de Sainte-Hélène a été donné à cet établissement par son fondateur, le général comte de Boigne, en mémoire de sa mère, dont sainte Hélène était la patronne : touchant exemple de piété filiale !

Les Jésuites, qui dirigent le collége royal;

Les Frères de la Doctrine chrétienne, chargés d'instruire les enfants;

Les Capucins, fournissant des missionnaires distingués.[1]

Les religieuses de la Visitation;
— du Sacré-Cœur.

(Ces deux couvents tiennent pensionnat pour les jeunes demoiselles.)

Les religieuses Carmélites;
— du Bon-Pasteur, pour les filles repenties.

Ne sont pas comprises dans ce nombre les Sœurs grises, celles de St-Paul, de St-Joseph et de différents vocables, commises aux soins des malades dans les hôpitaux.

Chambéry possède encore deux sociétés scientifiques : la Société royale académique de Savoie, créée en 1819; et la Société d'histoire naturelle de Savoie, établie en 1845, avec un jardin botanique et un musée; il possède aussi une Chambre

---

[1] A ce nombre il faudrait ajouter les Pénitents noirs, établis en 1594; mais depuis la destruction de leur couvent, il n'est resté de cette ancienne communauté qu'une confrérie d'artisans, dont les fonctions se bornent à veiller les condamnés à mort, à les accompagner à l'échafaud et à lever le corps des suppliciés pour les ensevelir.

d'agriculture et de commerce, fondée en 1825 ; deux imprimeries en caractères, deux lithographies, une bibliothèque composée de près de 17,000 volumes, un théâtre royal, un manége public, un journal, le *Courrier des Alpes,* organe des intérêts matériels, littéraires et religieux de la Savoie et des Etats Sardes, paraissant trois fois par semaine.

La Société académique et la Chambre d'agriculture et de commerce ont déjà publié chacune plusieurs volumes de Mémoires.

Outre tous ces avantages, Chambéry a dans son sein une compagnie de sapeurs-pompiers et une compagnie de garde urbaine, commandées par le même chef, et dont le but, bien qu'il n'ait pas été identiquement le même à l'époque de leur création, ne s'est pas moins confondu.

Grâce à la belle organisation, au dévouement de cette nombreuse milice, les incendies, aussitôt comprimés qu'aperçus, ne sont jamais dangereux à Chambéry.

Deux institutions que nous n'avons garde d'oublier, sont : une magistrature particulière, sous le titre d'*avocat des pauvres,* chargée de défendre gratuitement les indigents, « institution sublime, « dit M. de Verneilh, digne de figurer dans les

« annales de toutes les nations ; » et la *caisse d'épargnes et de prévoyance*, en activité depuis le 5 juillet 1855, et dont les résultats font chaque jour apprécier davantage le but philanthropique.

Chambéry, on le voit, ne saurait être plus complet sous le double rapport de l'instruction publique et des établissements de toute nature qui le composent. On dirait qu'un génie bienfaisant a plané sur cette ville antique, et qu'à son souffle régénérateur elle est sortie de la léthargie de son passé pour se transformer en une ville nouvelle.

Peut-être manque-t-il à Chambéry un peu de cette industrie qui est devenue l'âme de notre siècle ; mais lorsqu'on songe que de tout temps Chambéry fut une ville habitée par la noblesse, si l'on réfléchit aux douanes qui grèvent les produits étrangers, et à la difficulté qu'ont les fabriques des petits pays à pouvoir lutter de perfection et de bon marché avec les manufactures des grands centres, on comprendra, si on ne la justifie pas tout-à-fait, cette tiédeur des affaires si commune aux pays limitrophes.

Il serait injuste cependant de nier le mouvement industriel imprimé à Chambéry depuis quelques années. Quelques grandes fabriques trouveront place dans le courant de cet ouvrage, aux mentions honorables que leur assignent leur importance et leur réputation. Parmi les plus considérables, nous pouvons citer dès à présent la manufacture de draps, à Cognin, occupant 200 ouvriers; celle de gazes, tulles et brocards, qui est de la même importance; la papeterie de l'Aisse, qui donne la vie à tout le village de ce nom; les fabriques de lin, de papiers peints, toiles, couvertures, bas, liqueurs; la filature de coton, occupant un grand nombre de bras; enfin une brasserie, approvisionnant elle seule toute la province de Savoie-Propre et une grande partie du duché.

Chambéry est situé à 45° 34' 20" de latitude nord, et à 3° 35' est du méridien de Paris. Il est à 148 lieues sud-est de Paris, — 22 lieues sud de Genève, — 52 lieues nord-ouest de Turin, — 29 lieues est de Lyon, — 14 lieues nord de Grenoble. Son sol est élevé de 270 mètres au-dessus du niveau de la mer, et de 37 mètres au-dessus de celui du lac du Bourget.

On arrive à Chambéry par quatre routes principales.

La première et la plus fréquentée est celle du Pont-Beauvoisin;

La deuxième, celle du Mont-du-Chat, par Belley;

La troisième, celle de Genève, qui passe à Aix,

et qui se divise à Albens en deux routes, dont l'une passe par Annecy, et l'autre par Rumilly et Frangy, pour venir toutes les deux se rejoindre à St-Julien;

La quatrième, celle de Turin, qui est aussi celle de Grenoble, depuis l'embranchement des Marches qui conduit en France.

On compte à Chambéry trois faubourgs, à l'entrée desquels existaient autrefois trois portes de la ville, dont on voit encore quelques vestiges.

1° Le faubourg du Reclus, sur la route d'Aix; une de ses sections prend le nom de Nezin, en tirant à droite; il est au nord de la ville.

2° Celui de Montmélian, qui mène à la ville de ce nom; il est à l'est.

3° Celui de Maché, qui est à l'ouest, et a une vaste étendue.

Chambéry est baigné par deux rivières, l'Aisse et l'Albanne, qui toutes deux viennent de l'est, et qui, après s'être réunies au-dessous de la ville, vont se jeter dans le lac du Bourget. La première, torrent impétueux et dévastateur qu'alimentent la fonte des neiges et les grosses pluies, a souvent causé les plus grands ravages; la seconde, ruisseau paisible et bienfaisant, coule tranquillement sous la ville dans des canaux souterrains que la main des hommes lui a creusés, prête à fournir le tribut de ses eaux, en cas d'incendie, par les trappes nombreuses qui y communiquent.

De nombreuses fontaines abreuvent la ville, et plusieurs d'entre elles ne tarissent jamais. Enfin Chambéry, outre de belles promenades, compte une infinité de fabriques et d'établissements remarquables par leur antiquité ou l'utilité de leur but, que nous allons décrire dans les chapitres suivants.

## DESCRIPTION DE CHAMBÉRY
### ET DE SA BANLIEUE.

Monuments, — Etablissements de Charité, de Bienfaisance, d'Instruction publique, — Fabriques, — Eglises, — Couvents, — Constructions remarquables, etc.

Ce recueil étant en partie destiné à servir de guide à l'étranger dans la ville de Chambéry, sans le secours d'aucun cicerone, je crois utile, pour le distribution des matières autant que pour ménager l'haleine de l'explorateur, de diviser la ville en deux quartiers, que je lui ferai parcourir méthodiquement et par les voies les plus brèves.

## PREMIER QUARTIER.

Comprenant le faubourg Montmélian, — Buisson-Rond, — les Charmettes, — le Boccage, — les Casernes, — Sainte-Claire, — la place St-Léger, — la rue de la Métropole, — la rue Croix-d'Or, — le Théâtre, — les Boulevards, — la rue De-Boigne, — le Château.

## ANCIEN COUVENT DES CARMÉLITES.

Vers le milieu du faubourg Montmélian, au coude que fait la rue, et qui forme une petite place, on est frappé de l'aspect antique et monumental d'une maison dont l'entrée est ornée de deux personnages sculptés en pierre, de grandeur surnaturelle, et qui font corps avec la façade.

Cet édifice fut fondé en 1631, par la princesse Marie-Lyesse de Luxembourg de Tingry, duchesse de Ventadour, pour servir de couvent aux religieuses Carmélites de la réforme de sainte Thérèse.

On est sans renseignements sur ce que peuvent représenter les statues de la façade ; il est probable qu'elles sont les emblèmes de quelques saints, ou qu'elles furent érigées en mémoire des fondateurs du couvent, dont elles sont peut-être l'image.

Vendu comme bien national pendant la révolution française, cet édifice est aujourd'hui la propriété de M. Paquet, négociant, qui l'a fait restaurer et qui l'habite. Une partie des vastes bâtiments qui dépendent de cet ancien couvent sert d'entrepôt à un marchand de bois.

## HOSPICE DE SAINT-BENOIT.

Cet hospice est situé dans le faubourg Montmélian, cinquante pas au-dessus de l'ancien couvent des Carmélites, dans une impasse à main gauche.

Il fut créé par lettres-patentes du 21 juillet 1820, et son érection est due tout entière à la générosité de M. le général comte de Boigne, qui a consacré 900,000 francs à sa fondation.

Cet établissement, l'unique en ce genre que nous connaissions, est destiné à retirer les vieillards de l'un et l'autre sexe que des revers de fortune auraient réduits à l'indigence, et peut recevoir quarante personnes. Pour être reçu il faut avoir 60 ans.

Rien n'égale la manière dont cet hospice est tenu et les soins de toute sorte dont ses pensionnaires sont entourés. Un jardin est affecté à la promenade de ces derniers, qui ont chacun leur chambre particulière, et n'ont d'autre obligation que de se trouver aux heures des repas, du coucher et à celles fixées pour les devoirs de religion.

Il existe dans cet établissement deux fort jolis tableaux dus au pinceau d'un artiste savoisien, M. Moreau, élève de David; l'un est une toile représentant saint Benoît, dans l'église de ce nom; l'autre est le portrait du général comte de Boigne; il se trouve dans l'une des salles de l'hospice de St-Benoît.

L'étranger est admis à visiter cet établissement, ainsi que la plupart de ceux que nous aurons occasion de citer dans le courant de cet ouvrage.

## COUVENT DES CAPUCINS.

Au sommet du faubourg, à main droite; on est conduit à ce couvent par une petite avenue de platanes.

Ce couvent fut fondé en 1644, par un seigneur de Montmayeur, pour les religieuses Annonciades. Fermé pendant les grands événements de 1793, l'administration municipale de Chambéry le vendit en 1818, à la communauté actuelle, pour une somme très minime.

L'église, attenante au couvent, est de construction moderne, et a été élevée aux frais de M. de Boigne.

Les Capucins avaient autrefois leur établissement hors ville, tout près du pont de Cognin, et possédaient une succursale dans la ville de Montmélian. Mais ces couvents, qui dataient de 1644, et qui, comme ceux des Carmélites et des Annonciades, devaient leur fondation aux seigneurs de Montmayeur, ont disparu vers la fin du siècle dernier. Dans celui du pont de Cognin étaient conservés avec grande vénération les restes mortels du bienheureux père Jean de Maurienne.

Le couvent actuel est des plus spacieux et possède un vaste enclos. Il a trois succursales établies en Savoie, l'une à Yenne, l'autre à La Roche, la troisième à Conflans, et contient une quarantaine de religieux.

Sa bibliothèque contient 6,000 volumes.

## HOSPICE DE SAINTE-HÉLÈNE

#### POUR LES MENDIANTS.

A peu de distance du couvent des Capucins, sur la route de Montmélian.

Cet établissement, dont la grille et la façade donnent sur la route de Montmélian, a été fondé par M. de Boigne (actes des 26 octobre 1829 et 11 avril 1830), dans l'honorable but d'extirper la mendicité. Il peut contenir cent pauvres de la ville, de sa banlieue et de la ville d'Aix.

Tout individu surpris en flagrant délit de mendicité est conduit à cet hospice, et s'il n'est atteint d'aucune maladie contagieuse et se trouve dans les conditions exigées par les règlements, il est baigné, rasé, vêtu de neuf, et introduit dans la maison. Le régime alimentaire ne laisse rien à désirer. Le service intérieur de la maison est confié à des sœurs de St-Joseph, au nombre de huit, dont une a le titre de mère.

Tout ce qui s'emploie dans l'établissement y est fabriqué, à peu de chose près, et chaque mendiant peut, avec le produit de son travail dont la moitié lui est payée comptant, se procurer le vin, qui n'est donné qu'aux octogénaires, et le superflu de l'existence.

L'hospice de Sainte-Hélène et le couvent des Capucins distribuent, pendant la mauvaise saison et à des heures fixes, de l'excellente soupe à tout mendiant de passage qui se présente à leurs portes muni d'un bon de l'administration, et le plus souvent sans autre titre que sa misère.

## FABRIQUE DE COTON.

Cette manufacture, contiguë à l'hospice de Sainte-Hélène, fut fondée par M. Duport sous le gouvernement français. De son vivant, M. le comte Vernay, entre les mains duquel elle passa, l'a beaucoup perfectionnée. Ce sont ses héritiers qui la font valoir aujourd'hui.

Ses produits sont les cotons cardés, filés et les ouates. Cette fabrique occupe 50 ouvriers.

En suivant la route, on ne tarde pas d'arriver au sommet du faubourg, que termine un pont de pierre. Le chemin qui se présente à droite conduit, après cinq minutes de marche, à Buisson-Rond.

## BUISSON - ROND

Délicieuse villa habitée par M. de Boigne fils et sa famille.

Le lecteur me pardonnera de l'avoir fait dévier un peu de sa route pour lui montrer une maison de campagne ; mais outre qu'elle fut la demeure du bienfaiteur de Chambéry, elle est encore un lieu d'habitation charmant, au portail grandiose, aux allées ombreuses et sablées. C'est à la coupe régulière de ses futaies et au bocage qui couronne cette gracieuse villa, qu'elle doit sans doute son nom de Buisson-Rond. Elle fut bâtie par Milliet de Challes en 1675. M. de Boigne a fait élever, il y a quelques années, une tour ronde au milieu d'un charmant petit bois dépendant de sa propriété. Le coup d'œil dont on jouit du haut de son belvéder embrasse toute la ville et les campagnes environnantes, jusqu'au pied des montagnes.

Il est nécessaire maintenant de revenir sur ses pas, par le même chemin qu'on a parcouru, jusqu'à la première route qui se présente à gauche.

Cette fois encore je vais écarter le lecteur de la ville, mais je n'ai pas cru devoir refuser le droit de cité à une des curiosités les plus remarquables du pays, par les souvenirs qui s'y rattachent.

## LES CHARMETTES.

Maisonnette où Jean-Jacques Rousseau raconte avoir passé, en compagnie de M$^{me}$ de Warens, la plus douce époque de sa vie.

On y arrive en suivant la route indiquée jusqu'à un coude aigu et formant la rampe, après quelques instants de marche et avoir dépassé huit à dix maisons du lieu dit *le Bocage.* Dix minutes suffisent ensuite pour arriver aux Charmettes, c'est-à-dire à une maison d'apparence ordinaire, à droite du sentier que l'on gravit, mais que son élévation au-dessus du sol, et le parapet à hauteur d'appui qui environne la terrasse, font de suite remarquer.

Au-dessus de la porte d'entrée sont les armoiries des anciens propriétaires de l'habitation ; mais on les a mutilées, à l'exception de la date 1660, qui s'y voit encore. Dans le même mur et sur la droite est incrustée une pierre blanche portant l'inscription suivante, placée par Hérault de Séchelles, en 1792, lorsqu'il était commissaire de la Convention à Chambéry, pour le département du Mont-Blanc :

Réduit par Jean-Jacque habité,
Tu me rappelles son génie,
Sa solitude, sa fierté,
Et ses malheurs et sa folie.
A la gloire, à la vérité
Il osa consacrer sa vie,
Et fut toujours persécuté
Ou par lui-même ou par l'envie.

Ces vers ont été attribués à M<sup>me</sup> d'Epinay.

La chambre occupée par Rousseau est au-dessus du vestibule et sur le même palier que celle qui était occupée par M<sup>me</sup> de Warens. Le rez-de-chaussée est composé d'un vestibule, d'une petite cuisine à gauche, qui n'existait pas du temps de l'illustre citoyen de Genève, d'une première salle où était autrefois la cuisine, d'un salon communiquant directement au jardin, et de quelques autres pièces.

Le jardin, qui touche à la maison, est oblong, et Jean-Jacques aimait à y cultiver des fleurs. C'est à son extrémité septentrionale qu'étaient placées les ruches de M<sup>me</sup> de Warens.

La vue dont on jouit du perron de la maison est assez étendue, mais elle devient magnifique si l'on gravit un petit coteau qui se trouve vis-à-vis les Charmettes.

Après avoir visité ce local historique, les voyageurs inscrivent ordinairement leur nom et la date de leur visite sur un livre qui leur est présenté. Les pensées écrites avec ces dates offrent un mélange remarquable d'opinions sur Jean-Jacques Rousseau.

Le propriétaire actuel de la maison est M. Jacques-Marie Raymond, professeur de mathématiques au collège royal de Chambéry, et l'un des fils de feu M. G.-M. Raymond, auteur d'une brochure sur les Charmettes, à laquelle nous renvoyons pour plus amples détails. [1]

Si l'on ne veut pas prendre la même route pour redescendre, on est libre de choisir un chemin qui est à mi-côte, au-dessus des Charmettes, et qui conduit à la fontaine St-Martin.

---

[1] M. G.-M. Raymond, que nous aurons occasion de citer plusieurs fois dans le courant de cet ouvrage, fut une de ces rares organisations qui se sentent également propres à embrasser toutes les sciences et à s'emparer de toutes les difficultés pour les résoudre. C'est ainsi qu'il fut tour-à-tour métaphysicien profond, mathématicien distingué, littérateur, numismate, archéologue, peintre, musicien, géographe, physicien, etc., et que dans chacune de ces branches il s'est fait un nom par des ouvrages spéciaux, qui accusent les connaissances les plus vastes et les plus approfondies. Nous renvoyons au Dictionnaire de Grillet, tome 2, page 177 et suivantes, et à la Notice historique de Mgr Rendu (Mémoires de la Société royale académique

## FONTAINE SAINT-MARTIN.

Cette fontaine, que l'étranger peut visiter par le double attrait de sa position et de son antiquité, prend sa source vers les deux tiers environ de la hauteur de la colline où est situé son bassin. On la voit s'échapper avec impétuosité et abondance d'une roche calcaire, d'où elle tombe dans un réservoir en pierre. Cette fontaine ne tarit jamais et produit une eau excellente et très légère.

Amé VI dit le *Comte-Vert*, fut le premier qui, en 1345, fit construire des canaux en bois pour amener cette eau dans la ville. L'administration municipale les a fait remplacer, il y a quelques années, par des conduits en fonte; mais il serait

---

de Savoie, 1839), pour les détails d'une vie qui fut autant celle d'un homme de bien que d'un savant. S. M. Charles-Albert, si juste appréciateur des talents qui font les grands hommes, accorda en 1834, à M. Raymond, la croix du Mérite civil de Savoie.

M. Raymond a laissé deux fils, élevés dans ses principes, qui marchent dignement sur les traces de leur père : l'aîné, Claude-Melchior, professeur de droit à l'école universitaire de Chambéry, est le directeur actuel du *Courrier des Alpes;* l'autre, Jacques-Marie, qui succéda à son père dans la rédaction et la direction de l'ancien *Journal de Savoie*, et créa ensuite le *Courrier des Alpes*, dont il fut pendant trois ans le directeur, est professeur de mathématiques dans la même école.

peut-être possible, par une meilleure distribution, d'alimenter un plus grand nombre de fontaines, et d'en établir ainsi, dans quelques quartiers qui en sont dépourvus. Les canaux sont au nombre de quatre et divisés comme il suit : un pour les fontaines de la ville, un pour le château, un pour l'établissement de bains, et le trop-plein alimente une fabrique de papiers peints. Les tuyaux sont en fonte jusqu'à la rue Croix-d'Or, et le reste est en plomb.

Le coup d'œil dont on jouit du rocher de Saint-Martin est des plus animés. Il embrasse toute la ville. A ses pieds surgit un établissement dont l'importance mérite ici une place particulière, et que l'étranger pourra visiter autrement qu'en perspective lorsque je descendrai avec lui des hauteurs qui le dominent. Je veux parler de la fabrique de gazes.

### FABRIQUE DE GAZES.

Cette fabrique s'est fait un nom par la perfection de ses produits : gazes, velours, brocarts, étoffes unies et façonnées en tous genres. Son propriétaire actuel, M. Martin-Franklin, lui a fait faire de grands progrès, en même temps qu'il a de beaucoup étendu sa fabrication.

M. Martin-Franklin, dont les produits ont été constamment remarqués aux expositions de Turin et de Gênes, a reçu à chacune d'elles des médailles d'honneur et des récompenses justement méritées.

A une portée de fusil de cet établissement s'élève le

## GAZOMÈTRE

Qu'il ne sera pas difficile de reconnaitre à la haute cheminée qui le couronne et à l'épaisse fumée qui en sort presque constamment.

L'éclairage au gaz de la ville de Chambéry était une réforme impatiemment attendue, et qu'une compagnie lyonnaise anonyme est venue apporter en 1837. Par des traités passés avec la ville, la société s'est engagée à fournir une quantité de becs nécessaire à l'entier éclairage de Chambéry, et jusqu'à ce jour elle a passablement rempli ses engagements, en donnant assez ordinairement un gaz clair et purifié, capable de produire une flamme brillante et soutenue. Un grand nombre de magasins ont aussi adopté cet éclairage, dont la commodité est aujourd'hui généralement reconnue.

Le gazomètre est un beau bâtiment qui mérite d'être visité. Sa situation hors de la ville et sur un terrain élevé, est en harmonie avec les principes de l'art et ceux de l'hygiène.

Il est temps maintenant de descendre le rapide coteau, d'où l'œil jouit d'un si beau panorama. Comme il domine la ville à pic, le chemin qui reste à faire est fort court. L'étranger n'a en effet qu'à prendre tout droit devant lui et se laisser glisser par le couloir qui longe les cours des casernes. Cinq minutes d'une descente rapide le déposent sur la route du Bocage, à très peu de distance du chemin qu'il a pris pour aller aux Charmettes.

## FABRIQUE DE PAPIERS PEINTS.

Cet établissement, dont les produits jouissent d'une réputation méritée, est situé au pied du coteau que l'on vient de descendre, au lieu dit du Bocage. Il sort annuellement de cette fabrique 60,000 rouleaux de papiers peints. MM. Girardet et C$^{ie}$, qui en sont possesseurs depuis plus de trente ans, sont eux-mêmes d'habiles graveurs, que la dernière exposition des produits de l'industrie à Gênes vient d'honorer d'une médaille de Vermeil.

Lorsqu'on est au Bocage on est presque à Chambéry, et le trajet qui reste à faire est ombragé par une avenue de platanes qu'on est bientôt forcé de quitter pour visiter les casernes.

## CASERNE DE CAVALERIE.

La première que l'on rencontre à gauche est celle de cavalerie, bâtie sous le gouvernement actuel.

Le plan du bâtiment serait assez bien, s'il était un peu plus élevé. Les additions successives qu'on a faites à ses extrémités l'ont complété de la manière la plus heureuse pour sa commodité. L'intérieur des cours est vaste et sert aux exercices de cavalerie. Quant aux écuries, elles sont bien distribuées, d'une propreté remarquable, et peuvent contenir 200 chevaux. Les bâtiments sont assez étendus pour loger 600 cavaliers.

Ce qui ajoute à la commodité de cette caserne, c'est sa proximité de la fontaine Saint-Martin, qui a permis d'établir le long de ses murs de clôture des abreuvoirs d'une eau pure et fraîche.

C'est dans l'intérieur de cette caserne que se trouve l'ancien couvent de Sainte-Marie, fondé en 1467, et auquel la tradition a attribué plusieurs miracles. Après avoir servi quelque temps de local à l'hospice des incurables, il loge aujourd'hui l'artillerie. Il ne reste plus rien de l'ancien couvent qu'un édifice nu et dépouillé de tout ce qui indiquait autrefois sa destination.

En sortant de la caserne, on est frappé de l'aspect monumental d'un édifice qui s'élève en face, et qui n'existait pas les années précédentes. C'est qu'en effet, le *Manége* qu'on voit s'élever aujourd'hui, avec les armoiries de la ville pour écusson, est une gracieuseté que le conseil municipal a voulu faire à la cavalerie de la garnison, aux écuyers de passage et aux amateurs de la ville.

L'inauguration en a été faite au mois de juillet 1846, au milieu d'un grand concours de personnes invitées. Pour donner plus d'attrait à cette réunion, des exercices équestres avaient été organisés par les officiers du régiment de cavalerie en garnison dans la ville, et c'est leur rendre justice que de convenir qu'ils se sont acquittés de plusieurs passes et simulacres de combat avec une entente et une précision dignes des bravos qui les ont accueillis. Pendant tous les exercices, les musiques réunies des deux régiments de Pignerol exécutèrent de brillantes fanfares, qui avaient attiré presque autant de monde à l'extérieur du manége que l'édifice en contenait dans l'intérieur.

Il est à croire que la ville, jalouse de ne pas faire les choses à demi, ne tardera pas de faire abattre le mur qui masque presque entièrement l'objet de sa galanterie, autrement ce beau manége, voué seulement aux exercices intérieurs de la cavalerie, n'ajouterait rien à la ville comme embellissement, et ce n'est pas un édifice sans aspect que l'administration civile a voulu créer.

## CASERNE D'INFANTERIE.

Sur la même ligne que celle de cavalerie, à trois minutes de distance.

Cette caserne, une des plus belles et des plus remarquables que nous connaissions, fut bâtie sous le gouvernement français dans l'ancien clos des Ursulines. Elle forme un carré parfait, et se compose de quatre corps-de-logis ayant chacun cent mètres de côté extérieur, et présentant une façade à deux étages, non compris le rez-de-chaussée et les mansardes.[1]

Chaque corps-de-logis est partagé par une large

---

[1] M. Chapperon s'est laissé induire en erreur par Grillet, en portant à trois le nombre des étages de la caserne. Le plan de ce beau monument, donné par M. Duparc, capitaine-commandant du génie sous le gouvernement français, et approuvé par arrêté du 11 floréal an X, portait effectivement ce nombre; mais cet édifice n'étant pas encore achevé à la déchéance de Napoléon, les ingénieurs savoisiens chargés de le terminer prétendirent que les fondations se refusaient à une pareille élévation, et il ne fut fait que deux étages.

voûte, à droite et à gauche de laquelle partent des escaliers en pierre conduisant aux étages supérieurs, garnis de galeries. Ces galeries sont elles-mêmes très vastes, et reçoivent le jour par de larges ouvertures. Par une disposition des mieux entendues, des fermetures sont faites pour s'adapter à ces ouvertures, en cas de besoin, et de manière à ce que chaque galerie devienne habitable et puisse recevoir un grand nombre de lits-de-camp.

Le nombre de 3,000 hommes que la caserne est reconnue pouvoir contenir aisément, peut donc être doublé. Mais là ne se bornent pas les avantages de cette caserne, qui possède encore deux vastes cours pour les exercices et les inspections, et une fontaine semblable à celle qui existe dans la caserne de cavalerie. Comme cette dernière, c'est la source de St-Martin qui l'alimente.

En quittant la caserne et marchant devant soi, on arrive à une petite place au fond de laquelle s'ouvrent deux petites rues, dont l'une, celle à gauche, conduit à la fabrique de gazes; l'autre, celle en face, conduit au gazomètre. Comme nous avons déjà parlé de ces deux établissements, nous nous contentons d'en signaler les avenues.

Le quartier où l'on se trouve alors se nomme

*Sainte-Claire*, à cause du couvent de religieuses de ce nom qui y était situé. Ce quartier est tout nouveau et s'étend jusqu'à la rampe de l'hôpital militaire ; nous n'engageons pas l'étranger à y pénétrer, il n'y verrait que des constructions sans ordre, sans alignement, bâties sur un terrain inégal et dans des rues sans issues, des impasses étroites, montueuses et contournées.[1] On se demande pourquoi l'autorité municipale a laissé s'élever ainsi tout un quartier sans le soumettre aux règles du plus simple alignement.

Au-dessus de ce quartier et quelques pas plus loin, on trouve un escalier rapide qui mène à un bâtiment horizontalement placé, et sur la terrasse duquel est un corps-de-garde : c'est l'hôpital militaire.

## HOPITAL MILITAIRE.

Son établissement ne date que de peu d'années, mais le bâtiment qu'il occupe est très ancien. Il fut fondé en 1218, pour les dames urbanistes de Sainte-Claire. On l'a choisi de préférence pour en

---

[1] On trouve dans ce quartier, vis-à-vis l'établissement du gaz, dans le jardin de M. Garbolino, une source d'eau très abondante qui dessert un immense lavoir.

faire un hospice, à cause de sa position élevée, en bon air et de sa proximité des casernes. Il contient 160 lits, et est desservi par des médecins militaires, des sœurs de St-Paul et des infirmiers militaires.

En redescendant de l'hôpital militaire, on est en face de l'établissement de bains de M. Chauvet, édifice remarquable par sa distribution, et qui ne laisse rien à désirer pour les soins de sa spécialité.

Les parties latérales de la rue qui traverse la route conduisent derrière les remparts, qui servaient autrefois d'enceinte à la ville. On traverse la rue des *Nones*[1], et l'on débouche à l'un des angles de la place St-Léger.

## PLACE SAINT-LÉGER.

Trop large pour être appelée une rue, et manquant des proportions qui en pourraient faire une place. C'est le centre et la partie de la ville la plus fréquentée. Il y a une vingtaine d'années elle n'offrait vers son milieu qu'un étroit passage, ses à-côtés étant garnis d'une rangée de petites boutiques en bois appelées *cabornes*, dont l'ensemble, à cause du toit qui les surmontait, était nommé

---

[1] Cette rue fut appelée rue *Voltaire* pendant la révolution.

*rue couverte*. Ces *cabornes* ont été démolies à l'époque où l'on commença à percer la rue De Boigne.[1]

Pendant la révolution française, la place Saint-Léger vit successivement deux arbres de la liberté s'élever sur son sol, et fut témoin des rondes frénétiques des sans-culottes de 93. L'un de ces arbres fut abattu par des jeunes gens, dans une nuit qui précéda de quelques jours la proclamation de la fin de ces temps d'anarchie et de sang.

Il existait aussi jadis, sur la place St-Léger, une assez belle fontaine avec un bassin ; elle fut enlevée quelque temps après les Cabornes, comme nuisant au coup d'œil.

Mais ce qui fait surtout remarquer cette place et lui donne une haute origine d'antiquité, c'est d'avoir servi d'emplacement à l'église St-Léger, un des plus anciens monuments dont les annales de Chambéry fassent mention.

Grillet fait remonter sa fondation au VIIIe siècle, s'appuyant sur l'époque à laquelle saint Léger,

---

[1] Il existe chez les principaux libraires de Chambéry plusieurs gravures de cette ancienne rue, et dans quelques maisons particulières et à la bibliothèque, une peinture faite par M. l'ingénieur Massotti, qui représente les Cabornes et la place sous le point de vue le plus pittoresque.

évêque d'Autun, fut martyrisé, ainsi que sur la coutume suivie par les évêques de faire coïncider la dédicace des églises en construction avec la canonisation des saints.

Cette conjecture ferait remonter l'existence de Chambéry beaucoup plus haut qu'elle n'est signalée par les titres les plus anciens; mais tout ce qui a rapport à ces temps reculés et qui ne repose sur aucun document, se trouve couvert de nuages tellement épais, qu'on est réduit le plus souvent à faire de simples suppositions.

Quoi qu'il en soit, cette église, qui était paroissiale, étant devenue trop petite pour contenir tous les fidèles, et embarrassante par sa situation au milieu d'un marché, fut abattue en 1765, en vertu des lettres-patentes de Charles-Emmanuel III, en date du 8 juillet 1760.

La paroisse fut alors momentanément transportée dans la Sainte-Chapelle, au château royal. Lors de la suppression des Jésuites, l'église et le couvent de ceux-ci furent cédés aux pères Cordeliers en échange de leur église et de leur couvent, qui forment aujourd'hui la cathédrale et le palais archiépiscopal. A cette époque, la paroisse fut transférée de la Sainte-Chapelle à cette dernière église.

C'est sur la place St-Léger qu'est établi un des principaux postes militaires de la ville ; il est relevé au son de la musique les lundi et jeudi de chaque semaine.

## LA CATHÉDRALE.

On y arrive en prenant la rue qui se trouve au centre de la place St-Léger, précisément à l'endroit où existait autrefois l'église de ce nom.

Cet édifice fut construit, selon Grillet, vers l'an 1420, et d'après Besson en 1430, « par la seule « industrie des frères mineurs de Saint-François et « par les aumônes qu'ils se procurèrent. Noble « Claude de Chabord, écuyer du Duc et bourgeois « de Chambéry, leur légua cent florins pour la « construction du portail de leur église, par son « testament du 9 juillet 1506. — Ce couvent, « ajoute ce dernier écrivain, montre par sa gran- « deur et sa beauté qu'alors les aumônes des « fidèles étaient abondantes, et que ceux qui les « ramassaient étaient industrieux. »

Les frères mineurs de Saint-François habitèrent ce local jusqu'à leur translation dans l'église de Notre-Dame, en 1777, époque à laquelle elle devint église paroissiale en remplacement de celle de Saint-Léger. Démembrée de celle de Grenoble par bulle de Pie VII, du 18 août 1779, il y fut établi un évêché, qui, avec ceux de Tarentaise, d'Annecy et de Maurienne, en porta le nombre à quatre pour toute la Savoie. Tous ces diocèses ayant été supprimés à l'époque de la révolution française, ce ne fut qu'au rétablissement du culte qu'il en fut rétabli un à Chambéry pour tout le duché, et l'évêque en fut nommé évêque de Chambéry et de Genève.

En 1817, le siége épiscopal de Chambéry fut érigé en métropole, ayant pour suffragants les évêques d'Annecy, de Moûtiers et de St-Jean-de-Maurienne, qui furent réinstallés, ainsi que celui d'Aoste au-delà des Alpes. L'aspect de la cathédrale est simple mais d'une belle proportion, et son architecture gothique rappelle le style du XIV$^e$ siècle. Les sculptures, les statues, les frises et les chapiteaux qui décoraient son portail ont subi, pendant la révolution, le sort des églises de Saint-Jean, de Saint-Nizier à Lyon, et de St-Maurice à Vienne, avec lesquelles ces ornements ont de l'analogie : ils sont en partie mutilés. Une tribune ou galerie à jour, protégée sans doute par son élévation, paraît n'avoir souffert aucune atteinte.

Le vaisseau de l'église est bien, et se divise en

trois nefs ; son pourtour est garni de diverses chapelles sous différents vocables. Dans la première à droite, dédiée à saint Léger, patron de l'ancienne paroisse, est le tombeau du célèbre jurisconsulte Favre, premier président du sénat de Savoie, mort en 1624. Ses cendres y furent transportées, en 1824, de l'ancien hospice des Incurables, où elles étaient déposées.

Voici l'inscription gravée sur le mausolée de cet homme remarquable :

PUBLICARUM . RERUM . CONVERSIONIBUS
VIX . SUPERSISTES . RELIQUIAS
ANTONI . FABRI
PRIMI . PRÆSIDIS . SACRI . SENATUS . SABAUDIÆ
— KAL . MART . A . CIƆIƆCXXIV
SENATUS . IDEM . CC . POST . ANNOS . INTEGROS
HUIC . MONUMENTO . INFERRI . CURAVIT
UT . EI . CUJUS . MAGNO . NOMINE
PER . TOTUM . ORBEM . HONESTATUS . EST
GRATI . ANIMI . ET . DOMESTICÆ . CARITATIS
PIGNORE . NON . DEESSET.

Vis-à-vis le tombeau du président Favre, et dans la première chapelle de gauche en entrant, sont les fonts baptismaux, véritable miniature dont les ornements peut-être un peu trop multipliés, accusent cependant un beau travail. Ils furent exécutés sur les dessins de M. Vicario. Le bassin à ondoyer est en marbre de Carrare et d'une rare perfection. C'est au pinceau de M. Vicario, et non à des peintres de Turin, ainsi que plusieurs auteurs l'ont avancé, qu'on doit les peintures à la fresque du sanctuaire. Il y a plus de dix ans que les peintures faites en 1810 furent enlevées, lorsqu'on restaura le chœur.

Il serait à désirer qu'on baissât les boiseries qui ferment le chœur, et au-dessus desquelles sont les peintures dont nous venons de parler. L'église ne pourrait qu'y gagner sous le double point de vue de la perspective et de la sûreté publique. En effet, réduites à une hauteur raisonnable, les boiseries laisseraient apercevoir le fond de l'église et les dessins de sa voûte; les prédications et le chant, moins étouffés, auraient une plus grande étendue, et le massif des plâtres qui remplissent les cintres disparaissant, n'offrirait plus aucun danger.[1]

Dans le chœur, à droite du maître-autel est le

---

[1] Un de ces massifs s'est écroulé pendant une nuit du carême de l'année 1845. Quels malheurs n'eût-il pas causés si cet accident fût arrivé pendant le jour, à l'heure des offices !

siége épiscopal ; il est à regretter que le dôme qui le couvre l'écrase en quelque sorte par ses trop grandes proportions.

Derrière le chœur, près de la sacristie, sont deux petites peintures à la fresque très anciennes, et dont une, la première, est du plus grand mérite. C'est une copie de la sainte-famille, d'après Raphaël, représentant la Vierge, l'enfant Jésus et quelques autres personnages. La seconde est un Christ sur la croix. Pour les dérober aux profanations des Vandales de 93, quelques âmes pieuses les couvrirent d'une couche de chaux, que l'on fit disparaître au rétablissement du culte. Le temps et la chaux les ont avariées en quelques endroits ; mais les figures sont intactes, et l'on peut juger encore de leur physionomie expressive, de la vivacité et de la solidité des couleurs.

On peut visiter dans la sacristie les armoires qui sont adossées au mur ; elles furent vendues pendant la révolution à un habitant de Chambéry, qui les laissa en place et se fit un devoir de les céder plus tard à l'église. Elles furent fabriquées, dit-on, par les frères de Saint-François, et accusent un rare travail de patience.

M. Chapperon a commis une erreur en avançant dans son *Guide*, page 35, que « le pavé était semé de tombeaux. » Il existe en effet un grand nombre de pierres tumulaires, formant le dallage de l'église, et qui portent des inscriptions très anciennes ; mais elles ne recouvrent aucun tombeau, ainsi que je m'en suis assuré.[1] Ces pierres appartenaient autrefois à l'église des Incurables, et furent transportées dans la cathédrale à l'époque de sa restauration ; il n'y a de neuf et de fait exprès, dans le pavé de cette église, que les encadrements, les tablatures et les traverses des nefs et des colonnes. Le reste prouve assez, par l'irrégularité et le désordre de sa pose, qu'il consiste en pierres rapportées.

Quelques ossements ont été mis à découvert en 1846, à l'entrée de l'église, en creusant les fondements du monument destiné à supporter les nouvelles orgues ; mais on a reconnu qu'ils proviennent du cimetière de l'ancien couvent, qui y était établi.

La voûte et les murs de l'église ont été peints par M. Vicario, il y a quelques années, et ces peintures sont l'objet de sentiments divers. Quelques personnes, ennemies de tout ornement, les condamnent

---

[1] Les évêques et quelques chanoines sont enterrés sous les confessionnaux, autour du chœur ; mais les pierres qui les recouvrent ne portent aucune inscription.

en entier et les flétrissent du nom de badigeonnage; les autres trouvent un motif de critique dans la profusion des détails et le trop grand éclat de la couleur. Plusieurs enfin, et c'est le plus grand nombre, les considèrent comme un beau travail et d'un joli effet. Nous nous rangeons de l'avis de ces derniers, par la raison qu'une bonne peinture vaut encore mieux qu'une nudité absolue, et que les dessins qui existent et qui sont d'un beau gothique, se mariant et se fondant progressivement, en rendent l'optique agréable. Quant à l'éclat des couleurs, il sera diminué, si l'administration religieuse veut bien suivre un conseil que nous nous permettons ici dans l'intérêt de l'art : ce serait de remplacer tous les vitraux actuels par des vitraux peints, mais d'un meilleur goût que ceux qui garnissent les fenêtres du fond de l'église. De cette manière, la clarté n'arriverait que mitigée par les teintes variées des verres en couleur, et jetterait sur l'ensemble des peintures et dans l'église en général, ce demi-jour qui prête tant au recueillement et à la prière.

Pendant la tourmente révolutionnaire, la cathédrale ne fut pas plus épargnée que les autres édifices religieux : devenue bien national, on ne se contenta pas de briser ses statues et de renverser ses autels; c'est dans ses murs que l'*Assemblée nationale des Allobroges* ouvrit ses séances, et plusieurs fois, au milieu des banquets qui s'y donnèrent, ses voûtes retentirent des chants républicains.

Rendue à son ancien culte, elle est aujourd'hui une des plus belles et des plus riches églises du duché. La donation pieuse de M. Caille, chanoine du diocèse de Lyon, pour un jeu d'orgues, vient de l'enrichir d'un monument à l'érection duquel le chapitre et la fabrique se sont fait un devoir de contribuer. La tribune qu'on achève en ce moment est monumentale, et ne coûtera pas moins de 35,000 francs. Quant aux orgues, on a voulu qu'elles fussent dignes de la métropole et répondissent au vœu du vénérable testateur. Elles sortent des ateliers de M. Zeiger.

Ces orgues sont un 32 pieds, avec 2 claviers de grand orgue de 54 touches, un clavier de pédales et 32 jeux composant le grand orgue. Plus tard on y joindra un positif. La boiserie est de style ogival; on cite la soufflerie comme une des plus remarquables; elle s'exécute au moyen de trois soufflets aspirant l'air et le refoulant dans un réservoir. Ces soufflets sont mis en mouvement par un mécanisme à rotation qu'un seul homme peut faire mouvoir sans peine.

Les registres de l'orgue sont des plus variés ; mais ce qui en fait le pricipal mérite c'est le mécanisme inventé par M. Zeiger, au moyen duquel les touches sont aussi douces que dans un piano, quel que soit le nombre de registres mis en jeu. On met son chœur de voix humaines au niveau et même au-dessus de celui de l'orgue de Fribourg, construit par le célèbre Mooser.

Il y a tout lieu de croire que ces nouvelles orgues, d'une dimension peu commune et d'une facture moderne, destinées à prêter leur grande et majestueuse voix aux solennités et aux morceaux de l'offertoire, n'amèneront pas la suppression de celles plus petites qui existent derrière le chœur, et que, comme par le passé, elles continueront à accompagner le chant et soutenir les voix fraîches et pures des enfants confiés à la sollicitude et au zèle éclairé du maître de chapelle.

Il existe à l'archevêché une bibliothèque catholique que tout le monde est admis à visiter de 11 heures à midi et de 1 heure et demie à 3 heures.

En sortant de la cathédrale, on passe sous la voûte qu'indique l'affiche extérieure d'un bureau de loterie, et qui communique à la rue Croix-d'Or. On descend cette rue, à l'extrémité de laquelle se font remarquer deux maisons d'une belle apparence. L'une, à gauche, est l'*hôtel de Châteauneuf*, immense bâtiment dont tout le mérite git dans l'ancienneté ; l'autre, de construction beaucoup plus moderne, est l'ancien *hôtel de Bellegarde*, nom qu'elle a conservé, comme l'hôtel précédent, de celui de ses premiers maîtres.

## HOTEL DE BELLEGARDE.

Cet hôtel est riche en souvenirs historiques, et c'est à ce titre que je le mentionne.

Le pape Pie VII y logea lorsqu'en 1804 il vint à Paris sacrer Napoléon empereur, et Napoléon lui-même se montra à son balcon lorsqu'il traversa Chambéry, en 1805, pour se rendre à Milan, où le pape l'attendait pour le couronner roi d'Italie. [1]

Enfin, et comme si cette maison avait voulu réunir tous les grands souvenirs qui marquèrent

---

[1] Une des surprises qui fut le plus agréable à Napoléon, pendant son séjour à Chambéry, fut un aigle impérial vivant, de la plus belle espèce, que M. Bellemin, alors sous-préfet de St-Jean-de-Maurienne, eut l'ingénieuse idée d'envoyer à Chambéry et de faire suspendre dans une cage, sous le balcon de l'hôtel de Bellegarde. Des glaces ayant été mises à toutes les fenêtres de l'hôtel de Châteauneuf, leur réflexion, au lieu d'un aigle en reproduisit mille, que Napoléon put voir et admirer sans sortir du balcon.

la fin du XVIIIe siècle et le commencement de celui-ci, on voit encore, sur les murs du vestibule qui mène à la cour d'honneur, vis-à-vis la loge du portier, les vers suivants, écrits en noir dans un cadre rouge, au milieu duquel est une lance qui supporte un bonnet phrygien :

>Loin d'ici, noir aristocrate,
>Vil bâtard de la nation,
>Du venin de ton âme ingrate
>Porte ailleurs la corruption;
>Ne souilles plus de ta présence
>Ce lieu constitutionnel :
>De Caïn la maudite engeance
>Fait horreur aux enfants d'Abel.

Au-dessus de cette citation et sous une couche d'ocre jaune que le temps et la main des curieux ont fait disparaître, existaient encore quelques lignes qui servaient d'épigraphe à ces vers; mais elles sont tellement lacérées, que les seuls mots qu'on puisse lire sont ceux-ci : *égalité, fraternité.*

Cette diatribe furibonde s'adressait-elle aux propriétaires de l'hôtel, qui étaient d'une ancienne noblesse, ou fut-elle une boutade échappée à la verve caustique et républicaine de quelque officierpoëte attaché à la surveillance du parc d'artillerie qui se trouvait alors dans cette cour ? C'est ce dont je n'ai pu m'assurer.[1]

---

[1] Je dois à l'obligeante communication de M. le baron de Rochette le trait suivant, qui prouvera combien les novations révolutionnaires de 1793 avaient de la peine à prendre racine sur le sol de la vieille Savoie.

Lorsque la république une et indivisible eut changé les noms des mois, des semaines et des jours, et que l'ordre d'exécuter ce décret fut expédié dans les provinces, M. Gariod, alors membre du club républicain à Chambéry, se leva de son siége et s'écria : « Qu'est-ce « que la Convention nous veut avec ses *duodi* et ses *decadi* ! Est-ce « que jamais nos paysans pourront retenir ces noms-là, dans lesquels « on ne voit pas même figurer le dimanche ? Puisqu'à toute force on « veut que nous changions la semaine en décade, il était un moyen « bien plus simple d'arranger cela et de contenter tout le monde : « c'était de compter la semaine par *manche*. On aurait dit *une manche* « pour le lundi, *deux manches* pour le mardi, et ainsi de suite jus-« qu'à dix, et nous aurions encore nos DIX MANCHES (dimanches). »

Le même Gariod s'attacha à la fortune de Bonaparte, qu'il voulut suivre en Egypte ; mais il s'arrêta à Malte et revint quelque temps après à Chambéry, où il fut nommé capitaine de gendarmerie. On rapporte que Napoléon, devenu empereur, se ressouvenant de la rudesse du soldat savoisien, au milieu d'une discussion où un de ses généraux mettait de l'opiniâtreté à le contredire, s'écria : « Voilà « encore une tête à la Gariod. »

M. Gariod, que les événements de 1793 avaient trouvé chaud patriote, accepta, après 1815, les distinctions du roi de Sardaigne et le titre de baron.

## THÉATRE ROYAL.

Un des plus beaux monuments modernes de la ville de Chambéry et des plus complets en son genre est sans contredit le théâtre. Son extérieur, garni de portiques sur le devant, est majestueux, et sa distribution intérieure, l'élégance et la richesse de ses décors ne laissent rien à désirer. Il est garni de quatre rangées de balcons, et sa voûte, ainsi que le plafond d'une salle de concerts qui se trouve dans son enceinte, sont ornés de peintures à la fresque assez estimées. Le rideau représente la descente d'Orphée aux enfers et passe pour un morceau très remarquable.

Une loge du meilleur goût est réservée pour le roi au centre du second balcon. D'autres loges sont aussi établies aux avant-scènes pour le gouverneur du duché et les syndics de la ville.

On joue dans ce théâtre deux mois l'hiver, et quelquefois l'été. Il est question de l'éclairer prochainement au gaz, et d'alléger les frais qui, jusqu'à ce jour, ont été très onéreux pour les directions.

Le théâtre actuel a été bâti en 1822-24, et M. de Boigne a contribué pour 60,000 francs à sa construction.

LL. MM. le roi Charles-Félix et la reine Marie-Christine, accompagnés de S. A. R. madame la duchesse de Chablais, daignèrent assister à l'inauguration de ce monument, qui eut lieu en juillet 1824. — Dans l'été de 1828, la compagnie des nobles Chevaliers-Tireurs y offrit, de concert avec l'administration municipale, un bal magnifique à LL. MM. et à la famille d'Orléans, qui se trouvait alors à Chambéry, où elle était venue visiter le roi Charles-Félix et son auguste épouse.

Par une idée bien fâcheuse, et qui, dit-on, fut vivement combattue à l'époque par l'administration civile, le théâtre, qu'on aurait pu construire sur les boulevards dans une portion des jardins de l'hospice, s'élève sur l'emplacement de l'ancien théâtre, et coupe une promenade qui, sans cela, eût pu être amenée jusqu'à l'entrée du faubourg Montmélian.

Il est à regretter aussi que le plan de sa construction n'ait pas été suivi tel qu'il avait été conçu et arrêté; le théâtre y eût gagné en perspective, et les gradins qui forment son péristyle, augmentés de cinq à six degrés, auraient donné à son ensemble cet air monumental et dégagé dont il est dépourvu tout-à-fait, si on l'envisage du côté des boulevards.

## FONTAINE DE BOIGNE.

Ce monument fut élevé, en 1838, à la mémoire du général comte de Boigne, né à Chambéry en 1751, et mort dans la même ville en 1830.[1]

Son érection sur une promenade fréquentée, à l'entrée de la rue qu'il fit construire, et pour ainsi dire au centre des nombreux établissements dus à ses largesses, est une preuve de tact et de goût de l'administration municipale.

La physionomie de la fontaine est des plus heureuses : quatre éléphants réunis par la croupe et portant des tours de combat, surmontées elles-mêmes de trophées d'armes asiatiques, forment la base sur laquelle s'élève la colonne de style indou qui porte la statue du général. Ces animaux jettent l'eau par la trompe dans un bassin octogone, autour duquel sont disposées quatre bornes-candélabres, dont le style s'harmonise avec celui du monument. La face antérieure de chaque tour est revêtue d'une inscription ou d'un bas-relief.

---

[1] L'histoire de la vie du général comte de Boigne a été publiée dans le tome II des Mémoires de la Société royale académique de Savoie, et forme un ouvrage séparé, que l'on trouve chez les principaux libraires du duché. L'auteur en est le chev. G.-M. Raymond, alors secrétaire perpétuel de l'Académie royale de Savoie.

## INSCRIPTIONS.

( Côté de la rue De Boigne. )

BENEDICTO . DE BOIGNE
CAMBERIENSI
GRATA . CIVITAS
MDCCCXXXVIII

( Côté de la Charité. )

QVAM . APVD . INDOS . MAHRATTAS
FAMA . NOMINIS . ILLVSTRARAT
CIVIS . BENEFICVS
PATRIAM . INAVDITIS . LARGITIONIBVS
VIVVS . REPLEVIT

---

## BAS-RELIEFS.

( Côté de la promenade du Verney. )

*Entrée du général de Boigne à Jypore.*

Pertaub-Sing, rajah de Jypore, après avoir accepté les dures conditions que lui a imposées le général de Boigne, sort de sa capitale monté sur un éléphant et suivi d'un nombreux cortége. En même temps le général quitte son camp, et s'avance avec son état-major et une escorte de six cents cavaliers persans. Le rajah le reçoit avec les plus grandes marques de respect, et après s'être embrassé suivant l'usage du pays, tous deux entrent dans Jypore.

(Côté du Théâtre royal.)

*Dons du général à la ville de Chambéry.*

Dans une assemblée des syndics et du conseil municipal, le général de Boigne dote la ville de Chambéry des divers établissements de bienfaisance et d'utilité qui lui ont acquis la reconnaissance de cette cité. Dans le fond de la salle, on remarque le buste du roi Charles-Félix, sous le règne duquel se sont accomplies la plupart des œuvres généreuses du général.

Hauteur des deux bas-reliefs et des deux tables d'inscriptions : 1 mètre 10 cent.

### TROPHÉES.

Des armes persanes, mogoles, indoues; divers objets rappelant les mœurs, les arts et la civilisation des peuples que le général de Boigne a combattus ou gouvernés, composent les trophées. Deux drapeaux sont surmontés de pagodes, représentant l'une des formes de Brahma et Kishna (un des noms de Wishnou) enveloppée par le serpent Calengham. Le disque flamboyant que l'on voit sur les deux autres drapeaux est une arme symbolique de Wishnou. Dans le même trophée sont encore les images du taureau Nhandy et de quelques personnages de la mythologie indoue. Enfin le dernier trophée a deux drapeaux ornés chacun d'une statuette représentant une des incarnations de Wishnou. Sur la plinthe, à droite du spectateur, est Ganesa ou Poléar, dieu de la sagesse, avec sa tête d'éléphant; à la gauche est Boudha, que révère une secte nombreuse.

Hauteur des trophées, 2 mètres 25 centimètres; largeur, 3 mètres 20 cent.

### ÉLÉPHANTS.

La partie antérieure de chaque éléphant est seule apparente; la partie postérieure est cachée dans la masse, sous l'arc formé par la tour et sous le caparaçon, dont les franges, qui servent en même temps d'ornement à la base du monument, retombent sur la plinthe où reposent les pieds de l'animal.

Hauteur : 3 mètres 20 centimètres. [1]

---

[1] Les bas-reliefs, trophées et éléphants, en fonte de fer, ont été coulés à la fonderie du Val-d'Osne (Haute-Marne), appartenant à M. André.

## STATUE.

Le général de Boigne est représenté avec le costume de lieutenant-général de S. M. le roi de Sardaigne, et regardant la ville. Sur l'épaule gauche est jeté un manteau, qui, relevé en partie sur le bras, laisse voir la main, appuyée sur un riche sabre oriental. La main droite tient les actes de diverses donations faites à la ville de Chambéry.

Hauteur : 3 mètres 5 centimètres.[1]

Ce monument est d'une belle facture et digne du bienfaiteur de Chambéry. Il est à regretter seulement que le bassin de la fontaine ne soit pas en rapport avec le grandiose de l'ensemble, qui exigeait un récipient plus étendu, plus évasé, avec quelques gradins pour y parvenir.

---

[1] La statue, qui est en bronze, a été fondue à Paris dans les ateliers de M. Crozatier ; elle avait été modelée par M. Sappey.

Nous garantissons d'autant mieux les détails de ce monument, que nous avons emprunté le texte de sa description à l'*Ichnographie de la Fontaine de Boigne*, publiée par M. Sappey, architecte de Grenoble, auteur des dessins et du plan de ce beau monument, qui furent choisis au concours ouvert à cet effet ; M. Sappey fut aussi chargé de son exécution, et il donna tous les modèles des sculptures et des bas-reliefs.

## HOPITAL DE CHARITÉ.

L'hôpital de Charité fut fondé vers le milieu du XVIIe siècle, et comme la plupart des établissements de ce genre, qui doivent presque tous leur origine à la générosité de quelques citoyens vertueux, il dut la sienne à M. Perrin, négociant de Chambéry, qui légua, en 1651, 70,000 florins pour l'entretien de vingt-cinq pauvres jeunes filles de six ans, à choisir parmi celles exposées à l'hôpital de St-François.

Madame Royale Christine de France, duchesse régente de Savoie, autorisa cette fondation en 1656, et donna 3,000 ducatons pour acquérir la maison où l'on organisa cet établissement.

Depuis cette époque, l'hôpital de Charité, riche de différents legs, a vu s'agrandir considérablement son local et étendre sa large destination de bienfaisance.

Réuni à la fondation dite des *Incurables*, il est aussi devenu un lieu de refuge pour les vieillards et les pauvres infirmes. Le nombre des lits qu'il possède s'élève aujourd'hui à 185, dont partie est dévolue à la nomination des fondateurs de l'œuvre, et partie au choix de l'administration nommée à cet effet. On y est admis sur requête présentée au conseil.

Le service intérieur de cet hospice est confié à des sœurs grises, et rien n'égale le soin, l'ordre et la propreté qui règnent dans cet établissement.

## MATERNITÉ.

Tout près de l'hospice que nous venons de citer, et par un petit chemin qu'on appelle *Derrière-la-Meule*, on voit quelquefois, à la nuit tombante, se diriger quelque pauvre jeune fille qu'un amour illégitime est sur le point de rendre mère. Repoussée par sa famille, honnie de tous, ayant peine à subvenir à ses propres besoins, comment pourra-t-elle continuer la vie à l'enfant qu'elle porte dans son sein? La misère, la honte, le désespoir, voilà ce qui lui reste. L'infanticide, la mort : tels sont les rêves de son imagination en délire. — Oh! non, tu ne mourras pas, jeune fille, car la charité est une mère dont les entrailles s'émeuvent à toutes les douleurs et à tous les repentirs ; car il est un asile, créé par elle, qui s'ouvre à ces enfants que le monde flétrit et abandonne : *la maternité!* [1]

---

[1] « De quelque part qu'il nous arrive, tout enfant qui naît, aux

Chambéry ne pouvait être doté de tant d'institutions pieuses et de bienfaisance, sans que la pensée de ses administrateurs se reportât sur ces petits êtres qui n'ont pas demandé à naître; aussi fut-ce pour en assurer l'existence que la ville a songé à créer une maison spéciale, loin des regards curieux, et dans laquelle toutes les filles en couches de la province pourraient être admises. L'administration les assujettit à faire leur déclaration lorsqu'elles s'aperçoivent de leur grossesse, et elles sont admises sur la présentation d'un billet du directeur. Cet établissement ne contient que quatorze lits ; mais ce nombre est plus que suffisant dans un pays où la dépravation trouve encore une barrière dans la religion et les saintes traditions de famille. L'administration pourvoit au trousseau des enfants, les met en nourrice, et en reste chargée jusqu'à ce qu'ils aient atteint l'âge de douze ans.

« yeux de l'état, c'est un citoyen; aux yeux de l'économie politique,
« c'est un travailleur; au yeux de la religion, c'est un frère. »
(DE LAMARTINE.)

## HOTEL-DIEU.

Presque contigu à l'hôpital de Charité, et situé sur la même ligne, cet établissement ne le cède à ce dernier ni par son ancienneté, ni par les bienfaits qu'il est appelé à rendre. Son aspect est grandiose, et le portail en fer qui lui sert d'entrée sur un boulevard fréquenté, est du meilleur effet. Sa fondation est due à Théodore Boccon, qui, par testament du 28 septembre 1647, légua le tiers de sa succession à répartir entre cette œuvre pie, l'hôpital de Maché et les pauvres honteux de la ville. D'autres dons vinrent augmenter cette première offrande, et Madame Royale de Savoie-Nemours approuva cet établissement et s'en déclara fondatrice.

Plus tard, noble Charles-Henri Salteur, sénateur, donna en 1679 le jardin où l'on a bâti l'édifice actuel, en même temps que par testament il lui assurait 500 ducatons, sous charge d'une messe hebdomadaire pour le repos de son âme. Enfin M. de Boigne, dont le nom se rattache si glorieusement à tout ce qui revêt une forme charitable, a consacré 284,000 francs tant à la fondation de plusieurs lits pour les maladies contagieuses et autres, que pour la construction d'une aile à l'Hôtel-Dieu et du beau portail qui y existe.

L'Hôtel-Dieu a, comme on le voit, subi de grandes augmentations depuis quelques années ; il est tel aujourd'hui, que peu de villes, d'un ordre même supérieur, peuvent se flatter d'en posséder un aussi complet. Il contient soixante et douze lits, savoir :

A la nomination du conseil d'administration :
Pour les malades de la ville......... 22 } 28
Pour les malades de la campagne.. 6
A la nomination des fondateurs............... 22
A la nomination des syndics :
Pour les étrangers.................... 4 } 22
Pour les payants.................... 18
Total....... 72

Ces soixante et douze lits sont indépendants de quinze autres lits affectés, dans une succursale, au traitement des maladies contagieuses.

Le service de l'Hôtel-Dieu est tenu sur un pied qui ne laisse rien à désirer. On peut visiter les malades de deux à trois heures ; les étrangers sont toujours admis à visiter l'établissement, à l'exception de la succursale.

La chapelle de l'Hôtel-Dieu mérite d'être citée pour l'élégance et le goût qu'on a mis à sa restauration.

L'administration des hospices civils de l'Hôtel-Dieu, des Incurables, de la Charité et des Enfants trouvés, à Chambéry, est composée de seize membres, dont six membres-nés et dix nommés par le sénat. (Arrêt du sénat du 24 octobre 1823, et édit royal du 24 décembre 1836.)

## ÉTABLISSEMENTS DE BIENFAISANCE.

Pour terminer la nomenclature des établissements de bienfaisance, nous grouperons ici trois établissements dont chacun en particulier est une providence pour les malheureux accueillis dans son sein; mais que l'étranger se résoudra à ne connaître que par leurs bienfaits, soit à cause de l'aspect peu monumental des deux premiers, soit à raison de la position éloignée du troisième.

*Maison de charité pour les Orphelines.* — Elle est située au haut du faubourg Reclus; son but est de retirer les jeunes filles pauvres, afin de les préserver de la corruption. Fondé en 1724, par M$^{me}$ de Faverges, cet établissement fut définitivement constitué deux ans après.

Depuis lors, l'institution a modifié un peu sa règle en élargissant son acception de charité. Les jeunes orphelines pauvres ne sont plus les seules appelées à jouir du bienfait de l'admission : on y reçoit aussi les filles de parents tombés dans l'infortune, depuis l'âge de douze ans jusqu'à quatorze. L'époque de leur sortie est fixée à dix-huit ans. Pour les mettre à même de gagner honorablement leur vie, on leur montre tout ce qui est capable de les rendre bonnes ménagères, et pour ce motif on ne tient aucun domestique.

Un grand nombre de personnes de la ville les approvisionne de différents travaux d'aiguille, qui sortent de leurs mains avec une rare perfection et à des prix modérés.

La maison se retient les sept huitièmes du prix de leur travail, et le reste est capitalisé pour être converti en trousseau ou remis en numéraire à l'élève au moment de sa sortie.

Cet établissement contient quarante-deux places, qui sont toutes au choix de l'administration, laquelle se compose de cinq dames de la ville nommées par le sénat et renouvelées tous les ans par cinquième. Une d'elles est présidente, et toutes sont de service par quartier, avec le titre de directrices. Les soins de l'intérieur sont confiés aux sœurs de St-Joseph, au nombre de quatre. Tous les membres de la maison ont le même costume, qui est propre, mais des plus simples.

Cet établissement ne peut être visité qu'avec un permis de l'archevêque ou de la présidente.

*Salle d'asile.* — Comme la plupart des villes de France, Chambéry a voulu imiter cette maxime de Jésus-Christ : *Laissez venir à moi ces petits...*, et posséder sa salle d'asile.

Cet établissement, dirigé par les sœurs de Saint-Joseph, est ouvert à tous les enfants de trois à six ans, que les occupations de leurs mères forcent à s'absenter, ou dont la famille est nombreuse. On y reçoit aussi les filles de parents pauvres d'un âge plus élevé, dont l'éducation est gratuite. L'enseignement qu'on y professe comprend les mêmes matières et repose sur les mêmes principes que ceux adoptés par les Frères des Ecoles chrétiennes. Les parents peuvent y mettre également leurs enfants en pension et demi-pension, aux prix les plus modérés.

La Salle d'asile est située près de la *Maternité*, vers le milieu du faubourg Montmélian.

*Hospice d'aliénés* dit *le Betton*. — Il est situé dans la commune de Betton-Bettonet, au midi de la route de Turin, vis-à-vis Maltaverne, et à six lieues de Chambéry. Cet éloignement de la ville, sa position dans un endroit marécageux, et quelques autres considérations, font désirer vivement qu'il soit placé dans un lieu plus rapproché et plus convenable.

Nous savons qu'on s'occupe de ce rapprochement, comme aussi de donner à cet hospice une extension qui le rendra accessible non-seulement aux fous indigents et furieux, dont il a été plus spécialement le refuge jusqu'à ce jour, mais encore aux aliénés de toutes les conditions qu'on voudra y faire traiter. Des médecins spéciaux seront alors attachés à cet établissement, et la Savoie, certaine désormais de trouver à Chambéry un local convenable et des soins pareils à ceux des maisons les plus expertes en ce genre et les mieux montées, ne sera plus obligée d'envoyer, à grands frais, ses malades à l'étranger.

M. de Boigne a consacré 400,000 fr. à l'érection et à l'entretien de cet hospice. Une pareille somme jointe aux ressources que pourront offrir les malades en état de payer leur pension, forment donc le noyau d'un bel établissement à venir.

Une position qui nous paraît réunir toutes les conditions désirables pour l'établissement de cet hospice est la plaine de Bassens, à l'extrémité sud-est de la ville. Cette plaine, à peine éloignée de Chambéry de deux kilomètres, abritée des vents du nord par le mont Nivolet et la colline de Lémenc, loin du bruit et des grandes routes, avec de belles eaux, à proximité des carrières qui rendraient les constructions moins coûteuses, se désigne d'elle-même au choix d'une administration qui doit être avide de répondre aux vues philanthropiques et éclairées du fondateur d'une aussi belle œuvre.

## RUE DE BOIGNE

#### OU DES PORTIQUES.

C'est la rue à laquelle fait face la fontaine de Boigne. Due aux vues généreuses du bienfaiteur dont elle porte le nom, cette rue mérite d'être citée ici par sa largeur, par sa régularité et la beauté de ses édifices. Sa partie centrale est occupée par une double rangée de portiques, où sont établis quelques beaux magasins.

Vers le tiers environ de la rue, en partant du boulevard, est une petite place nommée *Place Octogone*, à cause de sa conformation à huit pans.

A celle de ses faces qui se trouve à main gauche est une maison dont le rez-de-chaussée est occupé par un confiseur. C'est là qu'était établie autrefois l'église des pénitents noirs, fondée en 1594.

Lorsque l'assemblée populaire, formée de tous

ceux qui avaient adopté les principes révolutionnaires de 1792, eut pris à Chambéry le nom d'*Assemblée nationale des Allobroges*, le couvent des pénitents noirs fut choisi pour servir de club aux républicains. Plus tard, ce bâtiment, dont les galeries menaçaient ruine, fut abattu, et fit place à celui qu'on y voit aujourd'hui.

En démolissant une maison pour percer la rue De Boigne, quelques ouvriers trouvèrent, dans une espèce de loge pratiquée dans l'épaisseur d'un mur, des ossements humains, qui paraissaient être enfermés là depuis des siècles. On crut y reconnaitre des débris appartenant aux squelettes d'une femme et d'un enfant; mais on se perdit en conjectures sur les causes qui avaient pu faire clore dans cette muraille ces deux personnes mortes, ou peut-être même vivantes.

Ces ossements sont déposés au Musée de Chambéry.

Après avoir parcouru les portiques et traversé la place St-Léger, qui croise la rue De Boigne à leur extrémité, on se trouve au pied du Château, et sur une place aujourd'hui défigurée par quelques empiètements de constructions plus récentes qu'elle.

## CHATEAU-ROYAL.

Bien qu'on ne puisse assigner de date précise à la construction de cet édifice, tout porte à croire qu'il est aussi ancien que la ville, et qu'il fut bâti au commencement du onzième siècle, pour servir de demeure féodale aux seigneurs de Chambéry. Thomas I$^{er}$ ayant acquis en 1232, moyennant 32,000 sols forts de Suze et la cession qu'il fit du fief de Montfort, tous les droits de ces derniers sur le bourg de Chambéry, Amé V acheta à son tour, en 1288, des seigneurs de la Rochette, le château de Chambéry qui leur appartenait; il quitta le Bourget pour venir l'habiter, et appela de Florence, pour le décorer, le célèbre Georges di Aquila, élève du Giotto. Plus tard, en 1416, Amé VIII fit venir Grégoire Bono pour en terminer les fresques, à l'occasion de l'érection de la Savoie en Duché.[1]

Pendant toutes les fêtes, joûtes et tournois qui se donnèrent à cette occasion, l'empereur Sigismond fit sa résidence au Château, et présida à toutes les réjouissances.[2]

---

[1] D'après les lois somptuaires publiées par Amé VIII en 1430, le prince ne pouvait porter l'habit ducal qu'une fois l'an.

[2] D'après Grillet, la cérémonie de l'érection se fit sur un théâtre

L'ancien Château de Chambéry fut incendié dans la nuit du 28 février au 1$^{er}$ mars 1743, pendant l'occupation de la ville par les Espagnols. Réparé en 1775, pour le mariage de Charles-Emmanuel avec Madame Clotilde de France, il brûla de nouveau en décembre 1798. Le gouvernement français en ordonna la restauration, qui ne fut pas achevée.

Il ne reste aujourd'hui de l'ancien Château que ce qu'on aperçoit du pied de ses murs : l'aile qui donne sur la place du Château, la tour dite de la Trésorerie, dont la base repose sur cette place, la Sainte Chapelle, dont nous parlerons bientôt, et la tour abandonnée qui s'élève à l'entrée du Grand-Jardin.

Cette tour, comme toutes celles qui furent établies au moyen-âge, était un des points de la ligne

---

richement paré, en présence des princes de l'empire, des prélats, des barons et des principaux seigneurs du pays. L'empereur dîna en public dans la grande salle du Château ; les mets qu'on lui servit furent apportés en grande cérémonie par des seigneurs richement habillés, montés sur des chevaux caparaçonnés de magnifiques broderies.

Le reste de la journée se passa en tournois et en joûtes exécutés au Verney, où une affluence de peuple, de dames et de seigneurs accourus de tous les pays voisins, rendit ces fêtes pleines d'éclat et dignes du souverain à qui elles étaient consacrées.

télégraphique établie par la féodalité à l'aide des feux qu'on allumait à leur sommet. Devenue la proie des flammes en 1798, ses murailles seules subsistent; elles ont encore soixante et dix pieds de haut. Son isolement du reste des autres édifices, au milieu d'un taillis d'arbres, a suggéré plusieurs fois à l'autorité la pensée de chercher un adjudicataire pour la démolir. Mais soit que l'administration, en y réfléchissant, ait regardé cette mesure comme un acte de vandalisme, soit que les entrepreneurs aient été effrayés des dépenses qu'amèneraient la destruction et le déblaiement d'un amas de pierres si solidement liées, ces projets n'ont pas été réalisés, et il faut espérer qu'ils ne le seront jamais.

Malgré ces destructions, qui ont ôté au Château de Chambéry toute sa physionomie première, les portions qui restent peuvent néanmoins faire juger de son ancienne étendue. Ce qu'il a de mieux conservé est la grande tour qui est vis-à-vis la rue De Boigne, bâtie sur une éminence que le château et ses dépendances couvraient en grande partie; elle a environ cent pieds de haut.

Lorsque Emmanuel-Philibert transporta au-delà des Alpes le siége du gouvernement, en 1560, le Château cessa d'être la demeure habituelle des ducs de Savoie ; plus tard il fut affecté à la résidence des gouverneurs du duché, et comme ses dépendances ne laissaient pas que d'être très grandes, on y transporta le commandement de la place, la trésorerie et l'intendance. Il y a quelques années on a eu la malheureuse idée de moderniser la partie supérieure de la façade de cette aile du Château, et cette pensée de vandalisme a été réalisée au grand scandale des arts.

Vis-à-vis les bâtiments occupés par le gouverneur et le bureau des passeports est la *Sainte-Chapelle*, dont l'origine est parfaitement connue et l'existence presque aussi ancienne que le Château : trop de souvenirs se rattachent à cette chapelle pour que nous ne lui consacrions pas un article particulier.

## SAINTE-CHAPELLE.

Elle fut fondée par Amédée V et achevée par son fils Aymon. Amédée VIII la fit reconstruire en 1418, dans l'enceinte du Château, sous le vocable de saint Etienne, et elle est demeurée longtemps en possession du Saint-Suaire, dont Marguerite de Charny, fille de Godefroy de Bouillon, passant à Chambéry en 1452, fit présent à la duchesse Anne de Chypre, épouse du duc Louis.

Voici en quels termes M. de Capré raconte ce fait dans son *Histoire de la Chambre des Comptes:*

« Il est constant que la royale maison de Savoie
« a reçu le Saint-Suaire de Marguerite de Charny,
« fille de Godefroy et femme d'Humbert de Villar-
« sexel, comme elle passait à Chambéry, à son
« retour de la Grèce ou en y allant. Elle fut reçue
« avec beaucoup de caresses et de civilité par le
« duc Louis et Anne de Chypre, son épouse, qui
« lui demandèrent la sainte relique. Marguerite
« de Charny dit qu'elle donnerait tous ses biens
« plutôt que ce trésor; mais comme elle était sur
« son départ, le mulet qui portait ce divin fardeau
« ne put jamais passer les portes de la ville de
« Chambéry, que l'on tient assurément être celles
« de Maché. Sur quoi Marguerite ayant reconnu
« que cette résistance était un avertissement du
« ciel, crut qu'il fallait laisser ce précieux gage à
« la royale maison de Savoie, ce dont le duc Louis
« et sa femme furent si transportés, qu'ils ordon-
« nèrent des prières publiques en actions de grâce
« d'un si grand présent.

« L'année suivante, le duc Louis fit battre mon-
« naie avec l'effigie de cette relique, tenue par un
« ange à genoux en l'air, avec cette inscription
« autour : *Sancta Syndoni Domini nostri Jesu-*

« *Christi*, M. CCCC. LIII ; et de l'autre côté : *Ludov.*
« *Dei gratia dux Sabaudiæ, marchio in Italia.* »

Le Saint-Suaire fut déposé dans la Sainte-Chapelle, où, parmi les nombreux et prodigieux miracles qu'il y opéra, « le plus grand, dit Besson,
« fut d'avoir été préservé (ledit Suaire) des attein-
« tes du feu pendant l'incendie qui embrasa la
« Sainte-Chapelle le 4 décembre de l'an 1532,
« lequel fut si ardent qu'il fit fondre, à la vue de
« toute la cour et du peuple, la châsse d'argent
« donnée par Marguerite d'Autriche, dans laquelle
« la sainte relique était renfermée. »

Un grand nombre de ducs, de princes et de rois se firent honneur de visiter le Saint-Suaire. Amé, duc de Savoie, y venait souvent à pied depuis Turin, ainsi que Yolande de France, le duc Charles II, et François I$^{er}$ lui-même vint à pied, en l'année 1516, de Lyon à Chambéry, par dévotion au Saint-Suaire, auquel il attribua ses premières victoires dans l'état de Milan.

Enfin, pour épargner le passage des Alpes à saint Charles-Borromée, qui avait fait vœu de le venir vénérer à pied, le Saint-Suaire fut transporté à Turin en 1578, sur l'ordre d'Emmanuel-Philibert; il y est demeuré jusqu'à ce jour dans une chapelle de l'église St-Jean qui lui a été consacrée, et où il est en grand honneur.

L'architecture de la Sainte-Chapelle est du genre gothique. Sa façade, de l'ordre composite, a été élevée par Madame Royale Christine de France, fille de Henri IV, sur les dessins du célèbre Juvara de Messine; ses vitraux coloriés représentant la *Passion*, et les marbres précieux du maître-autel, attirent l'attention des amateurs. Sa voûte a été décorée, il y a quelques années, de peintures d'un assez joli effet.

Philiberte de Savoie, femme de Julien de Médicis, morte en odeur de sainteté en 1524, Claudine de Brosse, décédée en 1513, furent enterrées dans la Sainte-Chapelle; mais ces restes et les tombeaux qui les recouvraient ont disparu, ainsi que diverses autres reliques et objets précieux.

La Sainte-Chapelle fut érigée en collégiale insigne par bulle du 21 avril 1466, ayant un doyen jouissant de tous les honneurs pontificaux; elle servit d'église paroissiale provisoire depuis la destruction de l'église Saint-Léger, de 1760 à 1777, que cette paroisse fut transportée dans le couvent des Frères de St-François, devenu église cathédrale en 1779.

Sur l'esplanade, et toujours dans l'intérieur du Château, est une belle promenade appelée *Grand-Jardin*, ombragée par des marronniers séculaires, et couverte en été d'un frais gazon. Elle est fermée à l'est par une grille en fer, et forme un carré parfait, entouré d'un parapet à hauteur d'appui qui sert à retenir les terres. Un petit bassin et un jet-d'eau garnissent son milieu.

C'est sur les bancs qui garnissent cette promenade que je vais inviter le lecteur à s'asseoir et se reposer un instant, afin de le disposer à parcourir cette autre moitié de la ville qui forme la seconde partie de ma division.

## DEUXIÈME QUARTIER.

Comprenant la Porte-Reine, — la route de Lyon, — le faubourg Maché, — la rue du Collège, — la place Saint-Dominique, — le Verney, — la rue de la Boisse, — le faubourg du Reclus, — Lémenc, — le quartier Nezin, — la rue St-Antoine, — la place de Lans, — la place de l'Hôtel-de-Ville, — la rue Juiverie, — les Boulevards.

Il nous faut quitter maintenant l'esplanade où nous avons laissé le lecteur réparer un peu ses forces, pour lui montrer en détail les jardins, dans lesquels son œil scrutateur a plongé, et lui donner quelques explications sur ce beau monument orné de colonnes, dont l'aspect a dû le frapper. Nous suivrons, pour y arriver, cette pente agréable et douce, ombragée de platanes, qui s'ouvre à main droite au sortir du Grand-Jardin, et qui, contournant les appartements du gouverneur du duché, nous dépose à la **Porte-Reine**.

A quelques pas de là, sur la route de Lyon, s'offre une grille donnant sur un parterre : c'est ici qu'il faut s'arrêter.

## JARDIN BOTANIQUE. — MUSÉE.

Les succès obtenus par la Société géologique de France, qui vint établir son congrès à Chambéry en 1844, furent le germe de la Société d'Histoire naturelle, créée à Chambéry, et dont le bel établissement que nous allons visiter est devenu le siége.[1]

---

[1] M. G.-M. Raymond, ancien directeur de l'école communale secondaire de Chambéry, sous l'empire, et qui s'est fait une si belle réputation dans les lettres, fut le premier qui eut l'heureuse idée de former un Musée à Chambéry. Possesseur d'une belle collection de médailles antiques et modernes, d'échantillons de minéralogie et d'une grande quantité d'objets d'art et d'histoire naturelle, il en fit une réunion dont l'importance parut telle aux yeux du gouvernement, qu'elle détermina le préfet du département du Mont-Blanc à donner à M. Raymond, par lettre du 5 février 1807, le titre de conservateur du Musée de la ville de Chambéry.

Autorisée par billet royal du 28 septembre 1844, cette Société, impatiente de commencer ses travaux, se réunit le 5 décembre de la même année, dans une des salles de l'Hôtel-de-Ville de Chambéry, pour procéder à son inauguration et à la constitution de son bureau d'administration. Le 10 du même mois elle nomma les conservateurs de ses diverses sections, et dès lors elle put commencer la série de ses opérations ; mais il lui manquait un local où l'on pût rassembler et conserver quelques échantillons de ces richesses dont la nature a été si prodigue envers le sol de la Savoie. Connaissant le cœur libéral et l'esprit avancé de S. M. Charles-Albert pour tout ce qui tend à encourager les progrès des sciences et des arts, le conseil municipal de Chambéry n'hésita pas à former une demande tendant à obtenir de la générosité du roi la cession de la partie inférieure des jardins du Château et des bâtiments qui en dépendent, comme du lieu le plus propice à l'établissement projeté. Cette demande, présentée par les nobles syndics, et appuyée par M. le marquis Léon Costa de Beauregard, reçut l'accueil le plus favorable, et grâce à la munificence royale, la Société d'Histoire naturelle se vit en possession d'une habitation charmante et d'une portion de terrain assez spacieuse pour former un jardin botanique.

Aussitôt que cette nouvelle fut connue, M. Martin-Burdin aîné s'empressa de mettre sa pépinière et ses serres à la disposition de la Société pour toutes les plantes dont elle désirerait enrichir ses jardins. La Société accepta avec reconnaissance une offre aussi généreuse, et dès le mois d'avril 1846, M. Huguenin, pépiniériste distingué et l'un des secrétaires de la Société, commença à former les divisions du terrain, à l'ensemencer, à le garnir des plantes rares qu'on y voit aujourd'hui.

Les salles du Musée n'étant pas encore définitivement organisées, il nous est impossible de servir de cicérone à l'étranger, dans la nomenclature des objets destinés à les embellir. Ce que nous pouvons dire seulement, c'est qu'il y a des conservateurs nommés pour les sections d'*anatomie comparée*, de *botanique*, de *conchyliologie*, d'*enthomologie*, de *géologie*, d'*herpétologie*, d'*ichtyologie*, de *minéralogie*, d'*archéologie*, de *numismatique*, d'*ornithologie* et de *chimie*, cette dernière section ayant été reconnue nécessaire, à cause des rapports intimes que cette science présente avec la plupart des branches de l'histoire naturelle. Il y a de plus des conservateurs du jardin botanique, des bâtiments, de la bibliothèque et des archives.

Un aussi grand nombre de sections doit comprendre, on le voit, bien des matériaux acquis ou à acquérir. La générosité d'un grand nombre de personnes, joignant leurs dons au noyau déjà formé par la ville, dans la bibliothèque, et que cette dernière a confié à la garde de la Société, forme déjà une masse imposante d'objets rares et précieux, en différents genres, dont la classification fera encore mieux ressortir et le nombre et le mérite.

Parmi les plus remarquables, nous citerons un herbier complet tiré des Alpes, plus de 30,000 sujets dans la seule famille des coléoptères, une collection des minéraux que la Savoie fournit avec tant d'abondance, 4,000 médailles environ ; enfin une foule d'objets précieux dans les diverses branches de l'histoire naturelle, de la numismatique, etc., tels qu'insectes, reptiles, oiseaux, roches, coquilles, fossiles de toute espèce, médailles anciennes et modernes, fragments d'antiquité, bronzes, etc. Au nombre de ces derniers, on remarque avec intérêt un caducée et des doigts de bronze qui furent trouvés, il y a quelques années, dans le clos du couvent des dames de la Visitation de Lémenc ; un cadran antique, un collier de fer garni de pointes aiguës, servant, pendant les temps de la féodalité, à mettre au cou des prisonniers de guerre, pour les obliger à payer au plus vite leur rançon ; les ossements humains qui furent trouvés séquestrés dans un mur de la rue De Boigne, et un plan en relief du Mont-Blanc et de la chaîne alpestre qui l'environne, exécuté dans les plus grands détails.

M. le marquis Léon Costa de Beauregard, président de la Société, dont le nom se rattache à toutes les gloires du passé, comme à toutes les choses utiles du présent, et aux efforts généreux duquel la Société est en majeure partie redevable de son existence, a poussé la libéralité jusqu'à vouloir se charger de former lui seul la collection ornithologique du pays, et de faire les frais d'un préparateur. Vienne encore un ou deux bienfaits de ce genre, et le Musée de Chambéry acquerra une importance qui lui laissera bien peu à envier aux Musées étrangers !

La Société d'Histoire naturelle de Savoie, qui ne comptait que 57 membres au 5 décembre 1844, époque de son inauguration, en compte actuellement plus de 180, appartenant à toutes les classes honorables du pays. Elle forme, avec la Société royale académique de Savoie, fondée à Chambéry en 1819, et la Chambre d'Agriculture et de Commerce créée en 1825, un des trois établissements d'instruction publique, aux nobles efforts desquels Chambéry et la Savoie doivent déjà en partie cette émulation et cet élan qui poussent la jeunesse à l'amour des beaux-arts, de la littérature, de l'agriculture et du commerce. Espérons qu'ils ne feront que fortifier davantage ce goût qui produit les grandes choses, et partant les grands hommes.

A peu de distance du Musée, à gauche de la route royale, s'élève une petite pyramide érigée par la ville en mémoire du premier voyage que le roi Charles-Félix fit en Savoie, en 1824. Ce monument, dont les proportions auraient pu être plus grandioses, paraît comme enterré dans l'endroit écarté où on l'a construit. Les platanes dont l'administration municipale l'entoura à l'époque de son érection, témoignent évidemment de l'intention de faire de ce lieu un but de promenade agréable ; mais l'état assez délabré dans lequel il est aujourd'hui par l'exhaussement du sol et des transports de graviers, demanderait quelques améliorations qui, nous en sommes sûrs, ne tarderont pas d'y être apportées.

## COUVENT DU SACRÉ-COEUR.

Cet établissement dont on a pu admirer l'aspect monumental sur l'esplanade du Château royal, mérite de prendre rang parmi les édifices remarquables de Chambéry. Sa façade, ornée de colonnes et faisant face à la ville, produit un joli effet. Pour arriver à son entrée principale, qui ne s'ouvre guère qu'aux parents des jeunes pensionnaires de cette maison d'éducation, on est obligé de suivre la seconde route à droite qui débouche sur la route de Lyon, et qui entoure cet établissement.

Le couvent du Sacré-Cœur, dirigé par les dames de ce nom, est, avec celui de la Visitation dont nous parlerons plus tard, le pensionnat de prédilection de la classe aisée. L'éducation brillante qu'y reçoivent les jeunes filles confiées aux soins de ces institutrices, justifie cette préférence dont ces bonnes religieuses sont dignes à tous égards. Regardant moins le but de leur institution scholastique comme un moyen de s'enrichir que comme une occasion d'être utiles à leurs semblables, on les a vues dernièrement, par un trait de charité sublime, ouvrir les portes de leur établissement aux pauvres sourdes-muettes de la Savoie, se charger de leur éducation, et pour créer à ces enfants deshérités de la nature, un état capable de subvenir plus tard à leurs besoins, monter un atelier de tissage pour la dentelle fine, et leur enseigner divers autres travaux d'aiguille. Nous parlerons plus au long de cette institution de sourds-muets, qui est toute récente, au chapitre qui les concerne, et dont l'établissement au Sacré-Cœur n'est qu'une fraction.

En poursuivant la route dans laquelle on se trouve engagé, on ne tarde pas d'arriver au sommet du faubourg Maché, où s'élève une croix très ancienne appelée *Croix des Brigands*.

## CROIX DES BRIGANDS.

Cette croix, que la tradition populaire a surnommée *Croix des Brigands*, existe à l'extrémité du faubourg Maché, à l'endroit où la route se divise en plusieurs embranchements. Sur la pierre qui lui sert de socle, on voit encore la date de 1467; les autres inscriptions sont illisibles et en partie détruites par le temps.

Nous avons vainement cherché à quel crime célèbre ou à quelle occasion sinistre ce signe de rédemption devait un nom aussi singulier. La tradition qui lui a conservé ce titre est muette sur les causes qui le lui ont donné. Tout ce que nous avons appris, c'est qu'il existait autrefois, tout près de ce lieu, des fourches patibulaires, et sans aller plus loin, ce voisinage pourrait bien être le motif déterminant de cette dénomination. La *croix des pendus* qui existe au Verney, près du lieu où se font actuellement les exécutions capitales, a une origine semblable; car elle est placée au-devant d'un petit bâtiment qui était autrefois une chapelle appartenant aux pénitents noirs, fondés en 1594, sous le nom de *Confrérie de la Miséricorde;* c'est là que les condamnés étaient mis en chapelle, vingt-quatre heures avant leur exécution, et c'est aussi dans cette chapelle que l'on déposait les corps des suppliciés avant de leur donner la sépulture.

## FAUBOURG MACHÉ.

Ce faubourg est très ancien, fort étendu, et paraît devoir rester longtemps encore dans l'état assez délabré où se trouvent ses constructions et son pavé.

Rochex prétend qu'il tire son nom des marais qui l'environnaient autrefois, et qui l'avaient fait appeler *Maraisché,* aujourd'hui *Maché* par abréviation.

Ce faubourg est en partie habité par la classe laborieuse et pauvre, qui trouve à s'y loger à peu de frais.

L'Albane, qui le traverse divisée en trois bras, a facilité l'établissement de diverses tanneries, qui forment une des branches les plus importantes du commerce de Chambéry.

L'église de Maché, bâtie nouvellement de la manière la plus simple et sans aucun ornement architectural, n'offre d'autre intérêt que la sainteté du lieu.

C'est à l'entrée de ce faubourg, du côté de la ville, qu'est placé l'abattoir ou boucherie générale, qui s'agrandit en ce moment d'après les plans de M. Chiron, architecte de ville. Ce travail, dont le prolongement aura l'avantage de ressembler à la Grenette, avec des portiques sur le devant, répond de la manière la plus complète aux besoins de la ville, dont il sera un des ornements.

Il existe à Maché, sous le nom de *Fontaine des deux bourneaux*, une fontaine très ancienne qui ne tarit jamais, même dans les plus grandes chaleurs, et dont l'eau passe pour la meilleure de la ville. Elle prend sa source au-dessous de la pièce d'eau du Grand-Jardin, dans une couche de grès commun connu sous le nom de *mollasse*. La réputation dont jouit cette eau n'est pas usurpée ; elle est à la fois légère, dissolvante, et contient un tiers de parties salines de plus que celle de St-Martin.

Selon Grillet, cette fontaine fut établie en 1641.

C'est à Maché, dans la maison de M. Chapperon, qu'existait autrefois le couvent des religieuses Bernardines, fondé en 1624.

Une chose digne de remarque, c'est que parmi les habitants de Chambéry et de ses faubourgs, ceux de Maché sont les seuls qui aient conservé quelques-unes de ces mœurs et de ces coutumes antiques qui distinguaient nos pères au dixhuitième siècle. Longtemps après la désuétude des corporations d'ouvriers, des confréries et des maîtrises, ils honoraient et fêtaient encore les leurs, et de nos jours on les voit faire une nationalité à part, et s'intituler avec orgueil les *Enfants de Maché*.[1]

---

[1] Ce n'est pas à Chambéry seulement que les faubourgs offrent ces nuances qui les font remarquer et les mettent en opposition et quelquefois en guerre avec les autres faubourgs; mais encore dans un grand nombre de villes de France. Il y a quelques années, de sanglants combats avaient lieu entre les faubourgs de Maché et de Montmélian, qui ont chacun leur drapeau et leur emblême. La *ronce* désigne les premiers faubouriens, comme le *laurier* est le cri de guerre des seconds. — Dans une pièce intitulée *le Contingent de Savoie, ou la Ronce et le Laurier*, représentée sur le théâtre royal de Chambéry au mois de janvier dernier, nous avons essayé de reproduire les types dont il est ici question.

## RUE DU COLLÉGE.

Cette rue, la plus large et l'une des plus longues de la ville, et dont la construction ne remonte pas au-delà de 50 ans, longe la partie extérieure des anciens remparts, au nord-ouest. C'est l'unique voie de communication du populeux quartier de Maché avec le Verney et les Boulevards, qu'elle relie par ses deux extrémités.

C'est au milieu de cette rue et presque en face du Collége qu'est située la *tour bossue*.

## TOUR BOSSUE.

Cette tour ou ce fragment de tour, que sa forme a fait nommer *tour bossue*, et dont la base se trouve cachée par un massif de maisons, avec lesquelles elle se confond aujourd'hui, fut bâtie en 1507, pour servir d'arsenal et de magasin à poudre, ensuite des ordres du baron Louis de Miolans, grand-maréchal de Savoie. Elle faisait partie de l'ancienne enceinte de la ville, et a servi aussi de prison correctionnelle pendant quelque temps.

## COLLÉGE ROYAL.

Superbe bâtiment élevé sur l'emplacement de l'ancien monastère de la Visitation Sainte-Marie, qui fut fondé en 1624. M. de Boigne, par acte du 26 octobre 1822, a consacré 270,000 francs à son érection. Il a la forme d'un H, comme tous les établissements construits par les Jésuites, et ressemble parfaitement à celui de Fribourg, qui n'a de plus que lui que sa position sur un point élevé.

Le Collége est dirigé par les RR. PP. de la Compagnie de Jésus, qui furent établis à Chambéry par le duc Emmanuel-Philibert, en l'an 1564.

On y enseigne toutes les classes du français, du latin et du grec, y compris les belles-lettres, la philosophie, les mathématiques, la physique, la chimie et la géographie. Il y a aussi des cours spéciaux pour les langues étrangères et les arts d'agrément. Les bâtiments du Collége sont assez vastes pour contenir 300 pensionnaires.

L'ancienne église du monastère est une croix grecque d'ordre corinthien ; elle sert de chapelle aux nombreux élèves de cet établissement.[1]

---

[1] Cette église, destinée à la démolition pendant la tourmente

## PLACE SAINT - DOMINIQUE.

Sur cette place, qui est vis-à-vis le Collége royal, s'élevait autrefois le couvent des frères de Saint-Dominique hors ville, fondé en 1418. L'église et le couvent sont maintenant démolis, et les vieux murs que l'on y voit encore en sont les restes.

L'église du couvent de St-Dominique avait son entrée à l'extrémité de la rue du Sénat, entre les rues St-Antoine et des Prisons. Le portail existe toujours, et son architecture offre encore un modèle de beau gothique. Le Sénat de Savoie a siégé très longtemps dans les bâtiments adossés à l'ancien couvent; mais il y a deux ans, leur état de caducité et le danger qu'ils présentaient, obligèrent le Sénat à les abandonner, pour se loger dans une division de l'hôtel d'Allinges, où se trouve aussi le tribunal de judicature-maje et de préfecture, en attendant la construction d'un palais de justice, reconnu depuis longtemps d'une indispensable nécessité.

révolutionnaire, dut sa conservation à M. G.-M. Raymond, directeur de l'école secondaire de Chambéry, auquel cette ville doit aussi la conservation, à la même époque, de l'enseignement des classes supérieures, dont la suppression était décrétée par le gouvernement français.

Besson raconte que le couvent des frères de St-Dominique eut l'honneur d'être gouverné par saint Vincent Ferrier, et que plusieurs de ses prieurs ont été élevés au généralat. « Cette communauté, « dit-il, s'est distinguée de tout temps par la régu- « larité, la science et le mérite de ses membres. « Leur église est une des plus belles et des plus « fréquentées de la ville. On y prêchait le carême « autrefois en présence du Sénat et de la Chambre « des Comptes, laquelle fut instituée par Aymon, « successeur d'Edouard III. [1] »

En remontant dans la rue du Collége on ne tarde pas à avoir devant soi le bâtiment de la douane, assez bel édifice, où se centralisent toutes les opérations de douanement et dédouanement du duché.

Les bureaux de la direction des sels et tabacs se trouvent dans le même local, et ont leur entrée par le portail en fer qui s'ouvre sur la rue du Collége; ceux de la douane prennent la leur du côté de la façade qui regarde le Verney.

---

[1] On a conservé très longtemps dans ce couvent le chapeau de saint Vincent Ferrier, auquel on attribuait la vertu de guérir des maux de tête en se le superposant. Il existait aussi dans ce monastère cinq clochers, dont quatre étaient sans cloches, ce qui a donné lieu au jeu de mots : cinq clochers, quatre cents (*sans*) cloches.

Sur le même plan, il vient de s'élever un édifice dont les proportions pourraient paraître étranges, s'il était destiné à une habitation particulière ; il doit servir au noviciat des Frères des Ecoles chrétiennes. Les frais de cette construction sont couverts par une souscription et des dons volontaires : la ville a fourni le local.

## LE VERNEY. [1]

La plus belle et la plus ancienne promenade de Chambéry. Le père Foderé, qui nous a donné sur l'ancienneté et l'étendue de Chambéry des détails que nous avons traités de fabuleux au commencement de cet ouvrage, raconte « que ceste grande
« place, qui est à present au dehors du septen-
« trion, et qu'on appelle le Verney, tenoit autre-
« fois le milieu de la ville ; et que c'étoit là qu'on
« tenoit les foires et marchez, et qu'ayant été
« ruïnée par deux fois, l'une par le feu et l'autre
« par la guerre, elle fut réduite à la grandeur et
« étendue qu'on la void à present. »

Amédée VI l'acheta, de 1360 à 1381, de divers

---

[1] Verney, en patois, veut dire : lieu où croissent des aulnes, ou vernes.

particuliers, et en fit présent à la ville sous condition qu'elle serait érigée en promenade publique.[1] On la planta d'arbres qui prirent un développement étonnant. Les tilleuls qu'on y voit maintenant datent en partie des Espagnols qui, en 1743, renouvelèrent les anciennes plantations; mais plusieurs d'entre eux ont au moins quatre ou cinq siècles d'existence. Il serait fâcheux que l'administration municipale laissât péricliter cette promenade, et c'est ce qui arrivera cependant si elle ne s'empresse de faire placer des rejetons à côté de ces arbres séculaires, mais non pas immortels.

La promenade est d'une forme oblongue et d'une belle étendue; elle est divisée vers le milieu en deux grandes allées, sur les bords desquelles il s'en trouve une beaucoup moins large formée de deux rangées d'arbres.[2] Les Espagnols y firent placer, de distance en distance, des bancs de pierre, qui viennent d'être remplacés par des

---

[1] D'après Grillet, la rivière de l'Aisse occupait alors une partie du sol où sont actuellement les rues du Reclus, de St-Antoine et le promenoir du Verney, qui était une grève. Les syndics restreignirent le lit de ce torrent par des chaussées et des digues qui permirent d'agrandir la ville et de niveler le Verney.

[2] On dit que ces allées étroites étaient plus particulièrement destinées à la bourgeoisie.

bancs de bois scellés sur des dés en pierre. La spéculation d'un loueur de chaises avait suppléé jusqu'ici à l'insuffisance des bancs primitifs. Espérons que cette amélioration, toute petite qu'elle est, contribuera à augmenter l'attrait qu'on éprouve à aller entendre les symphonies militaires qui s'exécutent chaque dimanche sous le plus frais des ombrages.

Rochex raconte que lorsque l'empereur Sigismond érigea la Savoie en duché, il se donna de grandes joûtes et tournois, auxquels accoururent belles dames et gentilshommes de tous les pays voisins, et que ces belles fêtes eurent lieu au Verney.

Pour empêcher que les filles publiques se mêlassent à la multitude des promeneurs dans un lieu provenant de la munificence des comtes de Savoie, Yolande de France, régente de Savoie, ordonna, en 1477, que les filles de mauvaise vie que l'on trouverait se promenant dans le Verney fussent attachées au pilori et fouettées publiquement. [1]

---

[1] Le pilori était alors situé sur la place du Château, et l'on voit encore, fixé dans la muraille, au-devant du corps-de-garde, un anneau de fer qui était apparemment le premier de la chaîne.

## CHEVALIERS - TIREURS.

La compagnie des nobles Chevaliers - Tireurs, dont l'origine remonte à 1509, et qui fut reconstituée par lettres-patentes du 28 février 1826, a ses exercices au Verney, dans cette portion de terrain que sépare, à main gauche, une balustrade en bois.

D'après Grillet, le tir de l'oiseau ou du *papegeai* était une des fêtes les plus anciennement en usage dans toutes les villes et bourgs de la Savoie. Ce tir s'exécutait avec l'arc et l'arbalète, et plus tard avec l'arquebuse.

Les rois de Majorque établirent cette fête à Montpellier, lorsqu'ils étaient souverains de cette ville, et on l'y célébrait encore en 1678.

Les anciens statuts du duché relatent qu'elle était déjà autorisée en Savoie l'an 1450. Ce fut à cette occasion qu'il se forma trois corps de Chevaliers-Tireurs à Chambéry : celui de l'arc, celui de l'arbalète et celui de l'arquebuse. Le duc Charles III approuva les statuts de ces diverses chevaleries en 1509 ; Henri II, roi de France, et Emmanuel-Philibert, les confirmèrent en 1550 et 1563. Ces trois compagnies furent fondues en une seule, sous le titre de *Compagnie des Nobles Chevaliers-Tireurs.*

Charles-Emmanuel I$^{er}$ apercevant dans l'organisation et dans les exercices des Chevaliers du tir de Chambéry un moyen facile de dresser ses sujets au maniement des armes, et de multiplier les défenseurs de la patrie, augmenta leurs priviléges, et accorda une récompense de 100 ducatons à celui qui abattrait le papegeai, outre une exemption des gabelles pendant une année.

On se rappelle encore les fêtes brillantes du tir de Chambéry, auxquelles venaient s'associer parfois les Chevaliers-Tireurs de quelques villes voisines, qu'un repas commun réunissait tous après les exercices. On y chantait des impromptus inspirés par la joie ; des salves d'artillerie, des toasts multipliés égayaient les esprits et resserraient les nœuds de l'amitié.

Supprimée lors de l'occupation française, en 1792, cette chevalerie fut reconstituée par lettres-patentes du 28 février 1826, et dotée par le roi Charles-Félix et par le général de Boigne.

La compagnie des Chevaliers-Tireurs se rassemble chaque année pour l'abattue de l'oiseau. Le vainqueur est proclamé roi de la compagnie, et ceux qui ont le plus approché du but reçoivent successivement les titres de prince et de connétable. Une ancienne coutume veut que le roi se choisisse une reine parmi les demoiselles de la ville. Si c'est un noble qui remporte le prix, il est obligé de prendre la reine dans la bourgeoisie; l'inverse a lieu si l'adresse favorise un Chevalier-Tireur sans titres de noblesse. Cette coutume, dont le but évident est d'amener une fusion honorable entre les habitants d'un même pays, a aussi celui de faire élire une reine, en l'honneur de laquelle il est rare qu'on ne donne pas des bals, auxquels elle préside sur un trône, et dont elle fait l'ornement par les grâces dont la nature et l'esprit l'ont pourvue.

Il existe à Thonon, Annecy et Bonneville des compagnies du même genre, sous différentes dénominations.

A l'extrémité du Verney, vers la *croix des pendus*, on se trouve à la naissance de deux chemins, dont l'un conduit à la maison du *Bon-Pasteur*, dont nous allons parler, et l'autre, appelé le *Chemin d'Angleterre*, mène à un établissement construit il y a quelques années pour une fabrique de sucre de betterave. Mais comme la plupart des fabriques semblables élevées en France, elle a succombé sous le poids de ses charges, et elle est aujourd'hui remplacée par une fabrique de toiles de lin, montée avec le plus grand soin par un négociant de Lausanne.

## LE BON-PASTEUR.

Cet établissement, connu aussi sous le nom de *Maison des Repenties*, est un lieu de refuge pour toutes les personnes du sexe qui, après avoir mené une vie peu conforme aux bonnes mœurs, désirent rentrer dans le droit chemin, et s'y présentent volontairement.

Celles qui peuvent payer une pension s'en entendent avec l'administration ; on reçoit gratis celles qui sont dépourvues de moyens pécuniaires. Une fois admises, elles ne sont renvoyées que sur leur demande, à moins des cas prévus par le règlement.

Le rétablissement de cette maison, qui existait avant la révolution, est dû au zèle pieux et éclairé de feu Mgr Martinet, archevêque de Chambéry, qui a trouvé dans la charité des habitants de la ville des ressources suffisantes pour les frais de premier établissement. Il a été approuvé par billet royal du 24 novembre 1838.

La direction intérieure est confiée aux sœurs de

la congrégation de Notre-Dame-de-Charité du Bon-Pasteur, et l'administration à un conseil qui est composé des vicaires-généraux du diocèse et des curés des quatre paroisses de la ville.

## CHAMP-DE-MARS.

Il est contigu à la promenade du Verney, dont il n'est séparé que par une longue rangée de bornes en pierre destinées à la préserver des empiètements des chevaux et des voitures. Sa longueur n'est pas moindre de 340 mètres, sur une largeur moyenne proportionnée, mais qui vient en diminuant du côté de la ville, et donne à cet emplacement la forme d'un triangle dont le sommet est tronqué. Un massif de maisons placé à son extrémité la plus étroite, nuit beaucoup à sa perspective ; il est question de l'abattre. C'est dans ce massif de maisons qu'est établie l'imprimerie typographique de M. Puthod, éditeur du *Courrier des Alpes,* journal dirigé par M. l'avocat C.-M. Raymond, professeur de droit à l'école universitaire de Chambéry.

Le Champ-de-Mars fut acheté et aplani en 1793 par le gouvernement français, qui le destina aux évolutions militaires et au déploiement de la cavalerie ; de nos jours sa destination est la même. La plantation d'arbres qui borde le Champ-de-Mars le long de l'Aisse, ainsi que le remblais sur lequel elle est située, furent exécutés en même temps que les travaux de l'enceinte.

Le marché au bois et le marché aux bestiaux se tiennent à l'entrée du Verney et du Champ-de-Mars, dans l'espace compris entre la douane, la nouvelle halle et l'imprimerie Puthod.

On a, depuis quelques années seulement, établi le poids public qui existe près du pont rouge.

## HALLE AUX GRAINS.

La halle aux grains est de construction récente ; elle est bâtie tout en pierres, et forme un carré long ayant une ouverture à chacune de ses faces. Ces ouvertures sont assez larges pour le passage des voitures. Deux petites allées latérales, formées par une suite d'arcs et de colonnes, soutiennent les greniers qui forment l'étage supérieur.

Le fronton de la halle aux grains et les sculptures qui le décorent sont dus à un artiste de Chambéry, M. Jean Vallet. La croix blanche de Savoie sur fond de gueule, avec une étoile d'or dans le quartier au-dessus du bras droit de la croix, sont les armoiries de la ville de Chambéry. Ces armoiries, soutenues par deux lévriers, symbole de la fidélité, sont surmontées de la couronne ducale.

A droite des armoiries se trouve la personnification du commerce et de l'industrie sous la figure de Mercure tenant d'une main son caducée et de l'autre une bourse remplie ; il est assis ou plutôt reposant sur des ballots de marchandises. Auprès de lui est le génie de la navigation, représenté par un petit enfant dont la main s'appuie sur l'aviron d'une nacelle. A gauche des armes de la ville est la personnification de l'agriculture sous la figure d'une femme couronnée d'épis, tenant d'une main une faucille, et soutenant de l'autre une corne d'abondance, de laquelle s'échappent des fruits de toute espèce ; c'est Cérès répandant les richesses de la terre et les produits abondants des travaux agricoles. Auprès d'elle est le génie de l'agriculture cueillant des épis au milieu d'un champ couvert de riches moissons.

La halle est ouverte au public les mardi, jeudi et samedi de chaque semaine.

Nous allons inviter le lecteur à traverser le pont rouge jeté sur la rivière de l'Aisse, et à faire quelques pas avec nous sur la route de la Boisse.

Une des premières maisons que l'on rencontre

est une habitation que son inscription seule fait distinguer des autres ; mais que de grandeur, que de charité sous ce titre modeste : *Ecole de Sourds-Muets!*

## ÉCOLE DE SOURDS-MUETS.

S'il est une classe d'hommes dont le malheur intéresse, c'est à coup sûr cette portion du genre humain que la nature deshérite en naissant de deux organes bien précieux, l'ouïe et la parole. L'abbé de l'Epée s'est immortalisé en jetant les premières semences de cet alphabet et de cette instruction qui devaient relier par l'intelligence ces hommes à d'autres hommes ; et de nos jours on a vu des sourds-muets fournir une brillante carrière dans les arts mécaniques, la peinture, etc.

La Savoie pouvait-elle compter dans son sein tant d'établissements de bienfaisance, sans qu'elle songeât à ouvrir, elle aussi, un asile à ces infortunés !

Il résulte d'un recensement fait par les ordres du gouvernement, et publié en 1834, qu'il y a 472 sourds-muets dans la Savoie, et 396 dans le duché d'Aoste ; sur ce nombre, 651 sourds-muets n'ont point encore atteint l'âge de trente ans, et sont conséquemment estimés susceptibles de recevoir une éducation.

L'institution fondée à Chambéry ne compte que quarante élèves ; mais les nombreuses demandes d'admission qu'elle reçoit tous les jours donnent l'espérance que cet établissement prendra bientôt un développement en rapport avec les besoins du pays.

La direction de l'école est confiée à quatre frères des Ecoles chrétiennes, dont deux ont suivi tous les cours de l'institution royale de Paris.

Par un trait de dévouement sublime, les religieuses du Sacré-Cœur ont voulu s'associer à cette belle œuvre en retirant chez elles les sourdes-muettes savoisiennes.

Le cours d'éducation pour les deux sexes embrasse l'instruction religieuse, l'enseignement des connaissances élémentaires convenables à la position sociale des élèves, et l'apprentissage d'un métier ou d'un art mécanique qui puisse pourvoir à leur subsistance. Il y a dans l'école des filles un atelier de tissage pour la dentelle fine, et l'on se dispose à monter dans l'école des garçons un atelier de tissage pour les étoffes et les rubans de fil. Le prix de la pension est des plus modestes, puisqu'il n'excède pas deux cents francs ; encore les directeurs de l'œuvre font-ils le plus souvent un rabais en faveur des sourds-muets indigents.

Au moment où nous écrivons ces lignes, nous apprenons que le roi, par une de ces faveurs qui assurent à jamais aux monarques qui les dispensent la reconnaissance de leurs peuples, vient de prendre *sous sa protection immédiate* l'institution des sourds-muets, et de la doter d'une allocation annuelle et perpétuelle de 4,000 francs, indépendamment d'un subside de 2,000 francs pendant les six premières années, et d'une somme assez importante pour les frais d'établissement.

Déjà, par un mouvement qui fait honneur au pays et au bon esprit de ses habitants, le Congrès provincial de Savoie s'était imposé volontairement pour l'entretien des sourds-muets de ses provinces; mais le gouvernement, partant de ce principe que la charité ne s'impose pas, refusa de ratifier cet impôt, dont le chiffre, tout minime qu'il était, réparti sur les masses, n'était pas moins une charge pour ses sujets. On a vu par quelle compensation le roi a récompensé cet élan sympathique des provinces, dont une raison d'état lui empêchait de sanctionner les vues généreuses. Combien sont rares les monarques animés d'un pareil scrupule et d'une sollicitude aussi tendre pour le bien de leurs sujets !

Désormais l'avenir de l'institution royale des sourds-muets est donc assuré, et, disons-le hautement, dût la modestie de l'honorable et savant fondateur de cette belle œuvre en souffrir, elle devra ce bien-être, après le roi qui s'en est rendu le père, à M. le chanoine H<sup>t</sup> Pillet, de Chambéry, qu'on peut appeler avec justice le digne successeur de l'abbé de l'Epée, en Savoie, pour avoir su deviner une plaie ignorée, et faire descendre sur elle le baume de la munificence royale.

Une souscription est ouverte dans chaque province, chez MM. les intendants, sous les auspices du gouvernement, pour recueillir les dons des personnes charitables, désireuses de contribuer au succès de cette belle œuvre.

L'administration des sourds-muets sera désormais confiée à une commission spéciale, composée de huit membres, dont l'intendant-général et le premier syndic sont membres-nés, sous la présidence de Mgr l'archevêque de Chambéry.

Un peu plus loin, et sur la même route, sont encore les bureaux de feu le *chemin de fer*, ingénieuse conception qui, par sa correspondance avec le lac du Bourget et les bateaux à vapeur du haut Rhône, devait offrir une voie rapide aux communications de la Savoie avec la France. La vogue dont ce chemin de fer jouit à son début, dans un pays où ce mode de locomotion n'était pas connu, semblait lui assurer une longue existence ; mais la navigation du haut Rhône ne permettant pas un service régulier, et les directeurs de cette exploitation ne faisant guère leurs frais qu'en été, pendant la saison des bains à Aix, les bateaux à vapeur durent cesser leur service. Dès lors le chemin de fer n'eut plus à desservir que le village du Bourget et les rares promeneurs attirés le dimanche par les pittoresques environs du lac.

Les recettes pouvant à peine couvrir les dépenses, l'administration du chemin de fer s'est décidée à faire enlever les rails et à vendre tout ce qui restait du matériel aux entrepreneurs des voies de fer dernièrement concessionnées en Piémont.

Il ne reste donc plus aujourd'hui de l'ancienne entreprise que les deux bâtiments parallèles qui servaient de bureaux, et la ligne, déraillée maintenant, sur laquelle filaient autrefois, entre deux belles rangées de peupliers, plusieurs vagons tirés à fond de train par de vigoureux chevaux.

## LE CIMETIÈRE.

Il est contigu au chemin de fer, et a son entrée sur la route de Chambéry au Bourget, par une grille en fer.

Ce cimetière, qui a la forme d'un carré long, était tellement simple il y a quelques années, que l'administration municipale s'est décidée à faire élever dans son centre une croix en pierre qui, par son élévation, pût le faire distinguer d'un enclos ordinaire. On y a achevé, en 1846, une chapelle dont l'architecture est d'un bon goût, et dont l'autel en marbre blanc accuse un beau travail. Un ange aux ailes déployées et une trompette à la main, symbole de la résurrection, couronne le sommet de la chapelle et produit le meilleur effet. Du reste peu ou presque point de tombeaux remarquables par le luxe du marbre ou de la pierre; quelques tombes rappellent seulement par leurs inscriptions modestes, que la mort, cet impitoyable niveleur, n'a pas plus épargné le riche que le pauvre, l'homme titré que l'artisan sans blason. On y a fait, ces derniers temps, quelques réparations qui en rendent le parcours agréable, et les cyprès qui bordent les allées lui ôteront, en grandissant, une partie de sa nudité.

C'est sur le même plan et dans le clos attenant au cimetière que sont établies les *poudrières* de la ville. Bien que séparées de la route par une épaisse muraille, une espèce de cour et le bâtiment qui les renferme, un poste militaire veille jour et nuit à leur garde.

### EAUX DE LA BOISSE.

Elles sont situées sur la route du Bourget, à deux kilomètres environ de Chambéry.

Bien que leur position tant soit peu éloignée les fasse sortir de notre cadre, nous engageons les étrangers à faire pour elles le même effort que pour Buisson-Rond et les Charmettes. Ils n'auront pas à se repentir de leur promenade, qui a lieu sur une belle route, et dont le but se trouve assez rapproché de la ville.

Les eaux minérales de la Boisse sont connues depuis très longtemps, mais leur source a été fréquemment sujette à être perdue et enfouie par des éboulements de terrain et les dévastations de la rivière de l'Aisse.

En 1777, ces eaux ont joui d'une vogue telle,

qu'on y voyait accourir des malades par milliers, et qu'elles ont opéré des cures nombreuses et remarquables. Elles furent analysées à cette époque par MM. Dacquin, Socquet et plusieurs autres chimistes ; mais les précieuses qualités que lui reconnurent ceux-ci furent contestées par ceux-là, et de cette divergence d'opinions il résulta que les eaux de la Boisse tombèrent en discrédit. Dès lors elles ont été moins fréquentées par les étrangers ; mais les habitants du pays ont conservé pour elles leur ancien culte, et au printemps de chaque année, tous les matins, le chemin de la Boisse est couvert d'une foule de personnes de tout sexe et de tout rang, qui vont s'abreuver à sa source. L'administration municipale a fait, il y a quelques années, creuser un réservoir intérieur, élever un mur pour retenir les terres et poser six tuyaux de fer, par où les eaux s'écoulent à raison de 32 pintes par minute.

Les eaux sont claires et limpides ; elles ont une saveur fraîche, une odeur et un goût ferrugineux. Leur température est de 9 degrés et demi (Réaum.) et ne paraît pas devoir changer par l'influence et les variations de la température extérieure. Enfin leur pesanteur spécifique est à peu près la même que celle de l'eau distillée : elles ont beaucoup d'analogie avec les eaux de Charbonnières, près de Lyon, et avec celles de Spa.

M. Lyonne, médecin des hospices de Chambéry, regardait les eaux de la Boisse comme un filon échappé aux eaux d'Aix ; mais tout porte à croire que ce savant médecin se trompait, et que leur source a une toute autre origine. Le terrain sablonneux d'où sortent ces eaux est, selon M. Saluce, pharmacien à Chambéry, qui les a analysées, composé d'un mélange de pierre calcaire, de silice, de quelques paillettes de mica et de particules de fer attirables à l'aimant. Enfin les eaux de la Boisse déposent sur les pierres de leur lit une couche épaisse, couleur de rouille ou d'ocre, qui, soumise à l'analyse, offre un mélange de carbonate de chaux, de sous-carbonate, de tritoxide de fer, de silice et de matière végétale.

Un peu plus loin et sur la même colline est le village de St-Ombre, appelé aussi Chambéry-le-Vieux, dont nous parlerons un peu plus loin sous la rubrique *Environs*.

Pour varier sa route, le voyageur peut revenir à Chambéry par l'ancienne voie du chemin de fer ; il contournera ainsi les établissements qu'il a vus en descendant.

Au lieu de traverser l'Aisse au pont de bois,

que nous avons pris pour notre excursion hors ville, nous entrerons dans cette enfilade de maisons qui s'ouvre devant nous, jusqu'au coude que fait la rue à main gauche, et nous gravirons le faubourg Reclus.[1]

Après une ascension de quelques minutes sur la route d'Aix, nous prendrons à droite l'embranchement qui mène à l'église de Lémenc.

## LÉMENC.

Cette église paraît être le plus ancien monument de Chambéry. L'abbé Grillet fait rapporter sa première institution monastique à l'année 1029 ; mais Besson, qui écrivait longtemps avant lui, prétend qu'elle existait déjà en 546. Il se fonde sur la tradition, le rapport de quelques auteurs et les notes tirées anciennement des archives mêmes du monastère de Lémenc. Il ajoute que la preuve de ce fait était consignée dans les annales de l'abbaye d'Ainay, et que ce fut saint Anselme lui-même, prieur de cette abbaye, qui envoya deux religieux

---

[1] Rochex fait venir ce nom de *Reclus* d'une maison de reclus ou recluses, mentionnée dans les anciennes écritures, et qui existait où fut ensuite la chapelle de Sainte-Marguerite.

de son ordre pour fonder le couvent de Lémenc, en 546.

Rochex lui attribue une origine beaucoup plus ancienne et contredit fortement cette assertion, prétendant que l'abbaye d'Ainay ne fut elle-même fondée qu'en 619, et que par conséquent saint Anselme ne put édifier Lémenc en 546.

Ce qu'il y a de certain, c'est que Lémenc était connu du temps des Romains, qui le désignent sous le nom de *Lemencum*, et qu'il était une station de la grande voie romaine qui conduisait des Alpes grecques en Dauphiné. On ne peut douter non plus que le versant de Lémenc ne fût peuplé d'habitations, car cela est attesté par un grand nombre de monuments antiques trouvés sur les lieux, tels que des puits taillés dans le roc, des ruines, des pierres de moulins, etc. On y a trouvé aussi en grande quantité des médailles romaines, des pièces de monnaie, ainsi que des doigts de bronze et un beau caducée, qui sont déposés au Musée de Chambéry.

Quoi qu'il en soit, il est incontestable que l'église de Lémenc soit la plus ancienne église de Chambéry. [1] Ses droits et prérogatives furent consacrés

---

[1] Lémenc a donné lieu à une foule de suppositions qui feraient

par plusieurs bulles papales, et jusqu'en 1793 les prieurs de Lémenc conservèrent le droit de primauté sur les autres églises et paroisses de la ville. L'église de Lémenc fut successivement la résidence de diverses communautés religieuses depuis son institution en prieuré par Rodolphe de Bourgogne et Ermengarde son épouse, en 1029. Les Bénédictins la possédèrent jusqu'en 1612, huit ans avant qu'elle fût érigée en commanderie des saints Maurice et Lazare, par bulle de Clément VIII.

remonter son origine aux temps les plus reculés. Tout extravagantes qu'elles nous paraissent, l'autorité d'où elles émanent fait que nous les rapportons ici.

Selon Ambroise Calepin, le mot de Lémenc vient de *saxam lemnium*, pierre dure, et son église fut fondée du temps de saint Pierre, sous le vocable duquel elle fut érigée.

Il s'appuie sur ce que presque toutes les églises primitives quittèrent le nom de leurs oratoires pour prendre celui de ce chef de l'église lorsqu'on apprit sa mort, et qu'en l'an 50 de Jésus-Christ la Maurienne et la Savoie avaient déjà reçu la foi chrétienne, qui leur fut prêchée par saint Barnabé.

Foderé n'est pas de ce sentiment, et raconte que le nom de Lémenc lui vient d'un certain « Lemanus, fils de Paris, lequel venant d'Italie,
« passant en ces quartiers pour aller en pays de Vaux (où il édifia
« la cité de Lausanne, et donna son nom de *Lemanus* à ce grand
« lac, qu'à présent est abusivement appelé le lac de Genève), logea
« et sesjourna long temps en ceste monticule qu'est sur ledict faux-
« bourg du Reclus, avec une grande délectation, pour estre un
« promontoire fort délectable, d'un air salubre, d'un aspect très
« plaisant, où la vue est diversement terminée en sa circonférence. »

Aux Bénédictins succédèrent les Feuillants de l'ordre de Citeaux, puis les religieux de saint François, qui, lors de l'occupation de la Savoie par les armées françaises, en 1792, vinrent prendre la place des Feuillants retirés en Piémont; mais bientôt l'église et le couvent devinrent propriété nationale avec les autres biens du clergé: le couvent fut vendu comme tel le 4 germinal an VII (24 mars 1799). L'église possédait alors un clocher pyramidal qui fut abattu, un jubé, des stalles et un orgue, qui furent démolis et enlevés.

Nous allions oublier de dire que les Chevaliers du Temple, qui, en 1199, vinrent s'établir à Chambéry, furent obligés d'obtenir du prieur de Lémenc la permission d'avoir un oratoire dans leur hôpital. On croit que les Templiers avaient leur établissement dans le passage qui mène des portiques à la place de Lans.

Lors du rétablissement du culte en France, l'église de Lémenc fut instituée d'abord comme annexe de la paroisse de Notre-Dame, et érigée ensuite en succursale; elle est aujourd'hui une des quatre églises paroissiales de Chambéry.

L'église de Lémenc, que diverses dégradations faisaient pencher vers sa ruine, fut reconstruite en 1490. Les diverses réparations qui ont eu lieu depuis, l'exhaussement du sol pour l'assainir, en 1828, en font aujourd'hui une belle église.

Elle possède les reliques d'un archevêque d'Armarch (Irlande), qui mourut en odeur de sainteté à Lémenc, en 1176, en revenant de Rome. Comme il s'appelait Conchoard, on en a fait saint Concors.[1]

Plusieurs tombeaux existent sous les dalles du pavé de l'église. C'est à Lémenc que fut enterrée M$^{me}$ de Warens, célèbre par son attachement pour J.-J. Rousseau. On y voit aussi le tombeau en marbre blanc de M. de Boigne, mort en 1830.

Enfin sous le chœur de l'église il existe une chapelle souterraine, où sont les restes mutilés d'un Christ descendu de la croix, entouré de ses disciples, sculpté en pierre et d'une grandeur surhumaine, qui était placé auparavant dans l'église cathédrale.

Il existait autrefois, à l'extrémité du cimetière, une petite chapelle dont les murs étaient tapissés de têtes et d'ossements de squelettes ; elle a été détruite.

---

[1] Voir la *Notice historique sur l'Eglise de Lémenc*, par M. G.-M. Raymond, insérée dans le tome IV des Mémoires de la Société royale académique de Savoie, page 236. A Chambéry, chez Puthod, 1830.

## COUVENT DE LA VISITATION.

Lorsque l'établissement religieux de Lémenc fut vendu, en 1799, le couvent fut acquis quelque temps après par les dames religieuses de la Visitation. En 1828, l'administration de la ville leur négocia la vente de l'ancien presbytère, tout proche duquel, sur un emplacement dont M. Bouvier, recteur actuel de Lémenc, avait fait don à la ville, s'est élevé celui qui existe aujourd'hui. [1]

Avant de demeurer à Lémenc, les religieuses de la Visitation sainte Marie occupaient le monastère où se trouve maintenant le Collége royal, qui a succédé, dans le même local, à l'*Ecole secondaire* fondée en 1804 sous la direction de M. G.-M. Raymond.

Comme le couvent du Sacré-Cœur, celui de la Visitation est un pensionnat distingué, où les jeunes filles, sous la direction d'institutrices habiles, reçoivent une brillante éducation.

---

[1] C'est dans le clos des religieuses de la Visitation qu'a été trouvé le beau caducée en bronze que l'on voit au Musée de Chambéry.

## COUVENT DES CARMÉLITES

( A 50 pas en-deçà du couvent de la Visitation. )

Depuis la révolution, qui fit vendre comme bien national l'ancien couvent des Carmélites, établi au faubourg Montmélian en 1631, cette congrégation religieuse se dissémina un peu partout, cherchant dans le recueillement et la prière à continuer cette vie d'abnégation et consacrée à Dieu, que des temps d'anarchie l'avait forcée d'interrompre.

En 1824, M$^{lle}$ Dupuis, une des survivantes de l'ancienne communauté, de concert avec deux dames françaises, songèrent à former un nouveau noyau de religieuses destiné à rétablir un couvent sur les bases et d'après les règles de l'ancien. Comme elles ne purent se réinstaller dans le même édifice, qui appartenait et appartient encore à M. Pâquet, négociant, elles acquirent de M. Guillermin, juge-mage, une maison qui leur parut propice, et qui était au faubourg Montmélian, dans des jardins situés derrière l'hôtel de Provence. Ce local s'étant trouvé trop restreint au bout de quelques années, elles achetèrent en 1828, de M. le baron Rosset de Tours, un petit castel tout près de Lémenc, auquel le même inconvénient les décida à y faire ajouter le bel édifice qu'elles ont fait construire, et dans lequel elles sont aujourd'hui établies. Ce bâtiment est vaste, bien distribué et entouré d'un beau jardin. Sa vue principale donne sur le bassin de Chambéry.

Les religieuses Carmélites étant cloîtrées, il nous est impossible d'entrer dans de plus grands détails sur l'intérieur de ce couvent. Tout ce que nous savons, c'est que depuis sa fondation il a pris un accroissement rapide, dû autant aux rares vertus qui distinguent la supérieure actuelle, qu'à sa haute capacité comme administratrice.

## LE CALVAIRE.

Un peu plus haut que les établissements dont nous venons de parler, est le Calvaire, que nous ne donnerons pas comme une curiosité, mais que nous conseillerons de gravir comme un des meilleurs points de vue d'où l'œil puisse plonger dans le bassin de Chambéry.

On dirait en effet que la nature a épuisé tout ce qu'elle a de verdoyant et d'enchanteur pour le répandre, au mois de mai, dans la vallée que l'on découvre, en dédommagement du sol pierreux que l'on foule et des montagnes arides qui bornent l'horizon. Depuis le garde-fou de la route au pied duquel le regard sonde une profondeur qui épouvanterait, si l'on voyait autre chose que des arbustes en fleurs dans un terrain compassé et tiré au cordeau, jusqu'aux monticules boisés au versant desquels les communes de Bissy et de la Motte étalent nonchalamment leurs toits de chaume ou d'ardoises, il s'élève un parfum qui saisit les sens, qui entre par tous les pores, et qui place involontairement sur les lèvres cet hémistiche d'Horace, qu'on se surprend à murmurer tout bas : *Hoc erat in votis.*

Au sommet du Calvaire se trouve une petite chapelle en forme de niche, où sont déposés les restes mortels de Mgr Martinet, ancien archevêque de Chambéry.[1]

A ce point et dans les lieux qui l'environnent la montagne est d'une stérilité sans égale, et l'on marche pour ainsi dire sur le roc tout vif. Mais ce roc lui-même est une des richesses du pays, car il fournit d'excellentes carrières d'où Chambéry tire ses meilleurs blocs, et en général toutes ses assises de construction. C'est à l'extrémité de ce

---

[1] Le Calvaire fut fondé par Mgr de la Palme, évêque d'Aoste, en 1826-27.

mont, au pied du Nivolet, dont le pic élevé paraît alors aussi escarpé qu'un mur, qu'est situé le col de St-Saturnin, où passait anciennement une route de Chambéry à Aix. Grillet nous apprend que pendant la peste de 1564, qui fit tant de ravages à Chambéry, il fut élevé une muraille dans ce col pour intercepter le passage et les communications entre ces deux villes, et que, grâce à cette précaution, Aix-les-Bains fut préservé de l'épidémie.[1] Les restes de cette muraille existent encore.

Pour varier la route et voir aussi des choses qui ne sont pas sans intérêt, nous prendrons le premier chemin à gauche, au sortir de l'église de Lémenc, qui mène en ligne directe à la pépinière de M. Burdin aîné.

## PÉPINIÈRE DE M. BURDIN AÎNÉ.

Cette pépinière, la plus importante du duché et des Etats Sardes, a rendu presque européen le nom de la famille Burdin, dont les grandes exploitations, tant à Chambéry qu'à Turin et à Milan,

---

[1] Il est à croire que ce fut bien plutôt à la bonté du climat et à la salubrité de l'air que l'on respire à Aix, que cette ville dut d'être garantie de ce fléau.

ont pour débouchés, à l'extérieur, la France, la Suisse et une grande partie de l'Italie.

Le jardin de la pépinière de Chambéry est dans une belle exposition, à l'abri des vents du nord ; il est divisé par des allées transversales et longitudinales, et renferme de précieuses collections de dahlias, de camélias et de fleurs de toute espèce. On y voit aussi un grand nombre d'arbres et d'arbustes d'orangerie et de pleine-terre, distribués et taillés avec un rare soin d'alignement. Des serres chaudes et chauffées à la vapeur sont établies dans la portion la mieux abritée du jardin, et conservent un grand nombre de plantes et de fruits, en même temps qu'elles en hâtent la maturité.

La deuxième et la plus considérable catégorie de la pépinière est située à trois minutes du grand jardin, dans une terre à plein vent et qui occupe un espace de plus de vingt hectares. Une foule innombrable d'arbres et d'arbustes des espèces les plus variées couvre cette immense surface. On pourra juger de leur diversité et de leur nombre par le relevé suivant, dont nous garantissons l'exactitude.

150,000 arbres fruitiers.

600,000 arbres, arbrisseaux et arbustes.

50,000 plantes d'orangerie et de serre.

50,000 plantes vivaces de pleine-terre pour l'ornement des jardins.

1,000,000 de jeunes plants de semis et autres, pour former des pépinières.

Indépendamment de cela, une quantité immense de graines de toute espèce formant trois catégories.

La première se compose de graines d'arbres, arbrisseaux et arbustes de pleine-terre, de serre et d'orangerie.

La deuxième, de graines de plantes à fleurs, pour l'ornement des jardins.

La troisième, de graines de plantes économiques.

La quantité disponible de chaque espèce de graines est variable; l'approvisionnement en est néanmoins très considérable, et peut aller à 500 espèces ou variétés.

La culture des mûriers pour vers-à-soie prenant chaque année une extension nouvelle en Savoie, le gérant de ce bel établissement lui a donné les plus grands développements; de sorte qu'il en a des quantités considérables en jeunes plants et sujets déjà forts, à haute et basse tige, greffés et non greffés.

Cette pépinière, dirigée par M. Huguenin, membre de la Société d'Histoire naturelle de Savoie, peut être citée comme le modèle de ce que la nature peut produire de plus riche et de plus beau, lorsqu'elle est aidée par des hommes spéciaux capables de régler son essor et de comprendre sa richesse.

Il existe en outre à Chambéry deux autres pépinières : celle de M. de St-Jean, à Montgex, et celle de M. Plagne, sur les Boulevards ; l'une et l'autre accusent, par leur bel entretien et les plantes rares qu'elles renferment, les soins éclairés dont elles sont l'objet.

En sortant de la pépinière de M. Burdin on entre dans le faubourg *Nezin*, qui est une section du faubourg Reclus. Ce faubourg est en assez mauvais état et ses constructions ont une chétive apparence ; cela tient autant à sa haute antiquité qu'à son éloignement d'une route fréquentée et à son manque de communication avec le centre de la ville ; mais il ne fut pas tel autrefois, car l'histoire nous apprend qu'il porta longtemps le nom de *cité,* et de nombreuses probabilités portent à croire qu'il existait déjà du temps des Romains, et que ses habitants furent le noyau qui servit à fonder Chambéry.

On projette en ce moment diverses réparations ayant pour but d'embellir et de centraliser ce faubourg. La plus importante est la construction d'un quai sur les bords de l'Aisse, depuis le pont du Reclus jusqu'au pont des Carmes. Nous ne saurions qu'applaudir à une pareille détermination, dont le but évident serait autant de faire une chose utile en procurant à la ville les moyens de s'agrandir du seul côté où elle puisse le faire, que de donner du travail à la classe ouvrière, rendue si malheureuse depuis quelques années par la disette et la cherté des produits agricoles.

Après avoir traversé le pont du Reclus, on se trouve sur les Boulevards et à l'entrée de la rue St-Antoine. C'est là qu'est située une des quatre églises paroissiales de Chambéry.

## ÉGLISE NOTRE-DAME

#### OU DES CORDELIERS.

Cette église n'est autre que l'ancienne église des Jésuites, établis en Savoie par Emmanuel-Philibert en 1570. Le couvent de ces religieux, contigu à leur église, comprenait tout le vaste corps de bâtiments occupé par le grand séminaire actuel.

Lorsque les frères mineurs de St-François furent obligés de quitter leur couvent, que l'on transforma en cathédrale, ils remplacèrent les Jésuites dans leur local, qui fut vidé par les niveleurs de 1793.[1]

La façade de l'église est d'ordre dorique et a peu d'ornements ; mais sa simplicité est en harmonie avec le genre de son architecture, et forme un contraste avec le genre gothique, si généralement employé dans les constructions religieuses du moyen-âge.

L'intérieur de l'église est tellement différent de ceux que l'on a vus jusqu'alors, qu'on est frappé, à son premier aspect, de la richesse des ornements, des fresques, des moulures, des tableaux, dont l'ensemble se mêle et se confond pour former un panorama qui éblouit. Cette admiration ne diminue pas lorsqu'on arrive à l'analyse des détails.

Nous avons rarement vu, en effet, des églises distribuées avec autant d'art et mieux décorées. Le vaisseau de l'église est petit et n'a qu'une nef ; on pourrait même dire qu'il manque de profondeur, et pourtant il est coordonné de telle manière que tout y semble relatif, et qu'y ajouter ou en

---

[1] Plusieurs titres établissent que les Jésuites eurent, en 1727, un procès célèbre, à la suite duquel ils quittèrent momentanément leur couvent ; mais ce procès ayant été revisé, le roi cassa l'arrêt qui les condamnait, et interdit le sénat pendant six mois.

retrancher quelque chose nuirait à son ensemble. Les peintures à fresque dont cette église est ornée ont été faites il y a deux ans, sur le modèle de celles qui existaient auparavant, et sont dues au pinceau de M. Vicario. Il était difficile d'en faire une meilleure distribution que ne l'a fait cet artiste vraiment distingué.

Les fresques de la voûte représentent les apôtres. M. Vicario, par sa manière de les placer en regard et dans leur meilleur jour, au-dessus des fenêtres, a rendu leur optique très agréable. Les médaillons à têtes d'anges, qui se détachent au plafond à la réunion des moulures, sont d'un bel effet.

Au centre de l'église s'élève une coupole que la richesse de ses décors rend digne du reste de l'édifice. Des écussons à fresque en ornent le pourtour, et le jour qui vient d'en haut, mitigé par des stores coloriées, concentre dans la partie supérieure du dôme un demi-jour qui entoure comme d'une auréole le St-Esprit placé à son centre, tout en laissant échapper sur le reste des ornements une clarté qui les fait ressortir.

Le chœur est d'une grande richesse : la sainte table, l'autel et les colonnes sont en marbre et d'un beau travail du genre corinthien. Sa voûte est comme le reste de l'église, ornée de moulures et de médaillons à fresque représentant les quatre évangélistes, et dans le milieu la Sainte-Famille. A droite et à gauche sont deux petites tribunes dont le grillage à fond blanc dérobe l'intérieur.

Enfin, des chapelles latérales communiquant entre elles par de petits arceaux, et décorées avec élégance, complètent le vaisseau de cette église paroissiale, sans contredit la plus riche et la mieux ornée de tout le duché de Savoie.

Nous n'avons garde d'oublier les beaux tableaux dont les chapelles de cette église sont ornées. Parmi les plus remarquables et les plus dignes de l'attention du connaisseur, nous citerons :

Dans la première chapelle de gauche, en entrant, un tableau représentant saint François de Sales recevant les vœux de sainte Jeanne-Françoise de Chantal, par M. Guille, élève de l'académie de Turin. Ce tableau, de l'avis des peintres eux-mêmes, est un véritable chef-d'œuvre réunissant avec un rare degré de perfection la richesse du coloris, le naturel des poses, la vérité de l'expression et la justesse des proportions. Le sommet de la toile offre un Christ éclairé par des bougies d'une teinte admirable.

En face de la chaire est un tableau de Van-Dyck représentant Jésus sur la croix. On croirait, en le voyant, assister à la mort du Sauveur lui-même, tant il y a d'abandon et de naturel dans ces chairs qu'une dernière agonie vient de glacer.

La dernière chapelle, toujours sur le même plan, contient aussi deux tableaux du plus grand mérite.

Le premier est saint François Xavier mourant dans les Indes, entouré d'une foule de sauvages qui regrettent sa perte, peint par Bérenger, artiste de Chambéry ; — le deuxième, donné par le prince Thomas de Carignan, représente saint Thomas touchant les plaies de Jésus ressuscité. La position bienveillante, ineffable du Sauveur, l'incrédulité s'effaçant par degrés pour faire place à la croyance sur la figure de saint Thomas, l'expression variée répandue sur le visage des autres apôtres, tout cela joint à une peinture dure en apparence, mais dont la couleur bistrée et les effets singuliers font ressortir jusqu'aux moindres détails, assignent à ce tableau un rang distingué parmi les meilleures productions.[1]

Nous ne saurions non plus passer sous silence le beau tableau de saint Dominique recevant le rosaire

---

[1] Ce tableau, qui appartenait autrefois aux religieux Augustins, est attribué à l'école lombarde et au siècle qui a précédé le Carrache.

de la sainte Vierge, par M. J.-B. Peytavin, de Chambéry, élève de David. Ce tableau est dans la première chapelle de droite.

Enfin le tableau du maître-autel, représentant la Nativité de la Vierge, est l'œuvre de M. Berger, de Chambéry, naguère l'honneur de l'école romaine, artiste de premier ordre, et que son rare talent a placé au nombre des célébrités contemporaines.

## BIBLIOTHÈQUE.

*( Même rue, dans un enfoncement qui forme une petite place et qui aboutit à celle de Lans. )*

Le premier noyau de cette Bibliothèque est dû à la générosité de M. l'abbé Amédée-Philibert de Mellarède, natif de Chambéry, recteur de l'université de Turin, réformateur des études, abbé commendataire de Talloires. Par son testament en date du 25 novembre 1780 (Perret notaire), cet abbé légua à la ville de Chambéry sa bibliothèque et son cabinet d'histoire naturelle.

Le 16 décembre 1783, la Bibliothèque fut ouverte au public pour la première fois, dans une des salles de l'Hôtel-de-Ville. Elle resta fermée pendant les premières années de la révolution française. Lorsque l'école centrale du Mont-Blanc fut établie au Château, on transporta la Bibliothèque dans ce dernier local.

Après la suppression des écoles centrales, la préfecture du Mont-Blanc, dont les bureaux avaient été établis dans les bâtiments du Château, invita la ville à reprendre sa Bibliothèque. Les livres furent en conséquence replacés dans l'une des salles de l'Hôtel-de-Ville. Mais ce nouveau local ne pouvait être que provisoire; peu susceptible d'agrandissement, il n'était point en harmonie avec les projets nouveaux de l'administration municipale, qui se proposait d'améliorer la Bibliothèque et de la former sur une échelle plus vaste. En conséquence, des travaux furent exécutés par ses ordres dans l'église des Antonins [1], qui présente aujourd'hui une belle salle avec une galerie dans son pourtour. C'est là que, pendant les vacances de 1819, le transport des livres s'effectua, sous la direction de M. Bise, bibliothécaire, et que depuis la Bibliothèque a été maintenue.

Au milieu de la salle, les regards s'arrêtent avec intérêt sur le buste en marbre de M. le général comte de Boigne, dont l'inauguration a eu lieu le

---

[1] Cette église fut bâtie, selon Grillet, avant l'an 1199.

24 mai 1822, avec la plus grande solennité. Ce buste, commandé par le roi Victor-Emmanuel, à l'occasion de l'établissement de l'hospice de Saint-Benoît, fut achevé par ordre de S. M. Charles-Félix. Il est dû au ciseau du célèbre professeur Spalla.

Cette Bibliothèque, dont le catalogue systématique a été publié en 1846, par M. l'avocat Bouchet, bibliothécaire-conservateur, se compose de onze mille volumes.[1]

On y remarque, sous le numéro 3011, *Petri de Boissat, opera et operum fragmenta*, 1 vol. in-folio, *rarissime* volume; c'est le *troisième* exemplaire connu.

La Bibliothèque doit à la munificence de S. M. Charles-Albert la *Reale Galleria di Torino, illustrata da Roberto d'Azeglio*, collection exécutée avec le plus grand luxe par les plus habiles artistes d'Italie.

Les *Famiglie celebri italiane*.

La reine douairière Marie-Christine a fait don

---

[1] Un volume in-8° de 434 pages, en vente à la Bibliothèque. — M. Bouchet est sans contredit celui de tous les bibliothécaires qui a classé avec le plus de méthode et de discernement les ouvrages que renferme la Bibliothèque.

de *Storia e descrizione della R. Badia d'Altacomba, antico sepolcro dei Reali di Savoia, ecc.*, con documenti, del cavaliere L. Cibrario; 2 vol. grand in-folio. — Ouvrage illustré avec une magnificence inouie.

On peut citer aussi comme bienfaiteurs de cet établissement les rois Victor-Emmanuel et Charles-Félix, l'illustre comte Joseph de Maistre, l'avocat Guy, l'astronome Marcoz, M. le comte Pillet-Will, M. Massotti, ingénieur, M. le marquis Léon Costa de Beauregard, et son frère M. le comte Eugène.

Parmi le petit nombre de *manuscrits* que cette Bibliothèque possède, *deux* méritent une attention spéciale : le premier est un *Bréviaire* orné de magnifiques enluminures, exécuté (probablement de 1427 à 1435), par les ordres de *Marie de Savoie*, mariée en 1427 avec *Philippe-Marie Visconti*, duc de Milan, comte d'Anglerie et duc de Gênes à cette époque. — *Orbe percellens celebrisque ducissa Maria Anguigero consors associata duci, principe Amadeo cui magna Sabaudia paret, pridemque genita est diva puella patre. — Ornatum variis librum hunc, pictumque figuris perscribi jussit laudet ut ipsa Deum.* — Telle est l'inscription placée en tête de la seconde partie.

Il est de tradition constante que ce magnifique manuscrit provient de la famille *Pingon*.

Le second *manuscrit* précieux est une *Bible* très ancienne, d'une écriture fort nette; tous les accessoires en révèlent la plus haute antiquité.

On lit à la fin de cette Bible, mais d'une autre écriture que celle du copiste : *Ista Biblia conscripta sunt Rome anno redemptionis nostre ix . c° xliii, sedente beato Martino ppa III°.*

Philibert de Pingon a mis ici : « *Ledict pape Martin 3 fust eslu an 943, tint le siége 3 années 9 mois. Il estoit romain de naissance.* »

Si ce manuscrit est réellement du X$^e$ siècle, c'est un monument de paléographie très remarquable.

Faute d'un local convenable, la Bibliothèque avait servi jusqu'ici à réunir, en forme de *Musée*, une collection de minéraux, de médailles, etc., et en général quelques objets remarquables et curieux provenant soit des dons faits à la ville, soit des produits nationaux et des fouilles faites en Savoie à différentes époques. La création d'un *Musée* spécial au milieu du Jardin botanique, dont nous avons parlé, est venue leur assigner leur véritable place, en les faisant ressortir sous tout leur jour.

Il serait à désirer qu'on pût aussi réunir dans une salle du même Musée la collection de *tableaux* qui ornent la galerie supérieure de la Bibliothèque, où on les a confinés faute d'emplacement meilleur; ils ne pourraient que gagner à une perspective plus rapprochée que celle offerte par leur élévation actuelle.[1]

Une grande partie de ces tableaux provient de la générosité de divers particuliers qu'un honorable sentiment de nationalité a portés à se défaire de quelques toiles au profit de leur pays natal. Parmi ces derniers nous citerons M. Rey, du Grand-Bornand (décédé dans cette commune le 5 novembre 1834), spéculateur d'objets d'arts à Paris, qui a enrichi la collection d'un grand nombre de tableaux justement estimés. Le public regrette toutefois de ne voir figurer dans cette exposition que trois œuvres dues au pinceau de quelques artistes savoisiens. La copie de *Saint-Jérôme*, d'après le Corrège, faite à Parme par Berengier, de Chambéry; un tableau du *Minotaure dans le*

---

[1] Cette amélioration ne saurait être éloignée; car si le nouveau Musée, déjà convenablement rempli, ne permet pas d'y établir une galerie de tableaux, nous savons qu'une somme considérable, reversible à la ville après la mort de M^me de Boigne, est destinée à la construction d'une troisième nef à la Bibliothèque.

*labyrinthe de Crète*, par J.-B. Peytavin, autre artiste de Chambéry, élève de David, et un *Paysage* représentant un site d'Italie, ouvrage du spirituel auteur du *Voyage autour de ma chambre*, M. Xavier de Maistre.

On y cherche en vain un échantillon du talent si distingué de MM. Barandier, Baud, Cabaut, Chabord, Claris, Gamen, Guille, Hugard, Molin, tous artistes savoisiens; mais si nos informations sont bien prises, l'époque n'est pas éloignée où ces peintres, jaloux de faire revivre sur la toile quelques héros savoisiens, pour en doter le Musée, trouveront ainsi le moyen de perpétuer la gloire de leurs ancêtres sous le couvert traditionnel de leur propre talent.

Les peintures les plus remarquables sont :

*Une Cène*, peinte sur bois en 1482.

*L'Adoration des Mages*, attribuée à Jean de Bruges.

*Un Enfant dormant*, — au Carrache.

*La Naissance de Jésus-Christ*, — à Bassan (école vénitienne).

*Jupiter terrassant les Hercules*, — à Tintoret, (école vénitienne).

*Tête de saint Jean-Baptiste*, — à Ph. de Champaigne (école flamande).

*La Circoncision*, — à Henri Golzins (Allem.)

*Un Portrait dit de Sully*, — à Porbus.

*Un Portrait de Bourgmestre*, — à Van-Dyck.

*Un Portrait dit de Louvois*, — à Largillière.

*Un Tableau de Dunin*, représ. des musiciens.

*Une Marchande de fruits et légumes.*

*Un Portrait de Femme* costumée à la Marie Stuart (maître inconnu).

*Holben se peignant en squelette*, tel qu'il devait être après sa mort.

Enfin quelques bons paysages.

La Bibliothèque est ouverte tous les jours au public (dimanches et fêtes exceptés), depuis 9 heures du matin jusqu'à midi, et de 3 à 5 heures du soir.

Les vacances commencent le 1$^{er}$ septembre et finissent le 1$^{er}$ décembre.

### PLACE DE LANS

(Communément appelée *Place aux Herbes*, à cause du marché aux légumes qui s'y tient.)

Cette place dépendait autrefois du couvent des Antonins, où est la bibliothèque que nous venons de quitter, et servait de jardin aux religieux de cet ordre.

En 1611, Sigismond d'Est, marquis de Lans, conçut l'idée d'en faire une place, et conseilla aux syndics de la ville d'en faire l'acquisition, ainsi que celle de plusieurs maisons adjacentes. Cette acquisition eut lieu le 15 juillet 1615.

Quelque temps après, Thomas Pobel, évêque de St-Paul-trois-Châteaux, ayant légué une somme considérable pour déblayer et niveler la place, on commença à se servir de cette somme pour terminer la ruelle qui conduit au portail de l'ancien sénat, et le reste reçut sa véritable destination.

La place de Lans fut ensuite décorée de la belle fontaine qu'on y voit aujourd'hui, et qui est alimentée par la source de St-Martin. Cette fontaine est d'une belle proportion, et l'eau qu'elle fournit répond aux besoins du quartier populeux qu'elle dessert. Besson croit que c'est la déesse Cybèle qu'on a voulu représenter par la statue de femme qui la surmonte, ou bien encore le symbole de la cité. Ce qui le confirme dans cette supposition, c'est la couronne de tours et créneaux qu'elle portait autrefois sur la tête, et qui maintenant a disparu. [1]

---

[1] Probablement lorsque des jeunes gens s'amusèrent à lui enlever la tête dans une nuit de l'année 1774.

Quoi qu'il en soit, elle est d'un beau marbre, d'un seul bloc, et Grillet nous apprend qu'elle fut terminée en quinze mois, sur les dessins de Cuenoz, architecte de Chambéry, par trois sculpteurs, pour le prix de 500 ducatons de 5 florins pièce. (Acte du 26 août 1670, Borrel notaire).

La place de Lans n'est pas très grande, mais elle est bien disposée. Quelques échoppes vulgairement appelées *cabornes*, qui existent encore à l'une de ses faces, doivent bientôt disparaître pour faire place à l'une des façades de l'Hôtel-de-Ville, lorsqu'on le régularisera.[1]

## HOTEL-DE-VILLE.

Le bâtiment ainsi nommé fut acquis de l'illustre et ancienne maison Clermont de Mont-St-Jean, par les syndics et le conseil municipal de Chambéry, le 12 novembre 1606. Jusqu'à cette époque, par une bizarrerie qui ne trouve son explication que dans la solennité dont on voulait que les intérêts de la ville fussent entourés, le conseil ne pouvait

---

[1] On voit encore sur la place de Lans, près de la Bibliothèque, à l'angle de la maison Favier, un fragment d'ornement qui appartenait au clocher des Antonins.

s'assembler que dans une salle du couvent de Saint-François ou dans l'église paroissiale de Saint-Léger.

L'intérieur de l'Hôtel-de-Ville est assez vaste, mais sa façade ne répond ni à l'importance de la cité, qui demanderait un monument un peu plus digne d'elle, ni à la gravité des intérêts qui s'y agitent. M. de Boigne, de son vivant, reconnut tellement la nécessité d'imprimer un aspect plus grandiose à cet édifice, que, par un codicile à son testament, du 7 juin 1830, il a consacré une forte somme destinée à renouveler et à régulariser la Maison-de-Ville.

Dans l'expectative de ce legs, qu'il ne doit toucher qu'au décès de M$^{me}$ de Boigne, dont il forme une partie du douaire, le conseil municipal a cru devoir devancer les intentions généreuses du testateur, en faisant abattre l'ancienne grenette qui l'obstruait, et en procédant à quelques réparations d'intérieur qui ajoutent à sa commodité.

Le vide laissé par la démolition de la grenette forme une petite place qu'on a eu le bon goût d'embellir par une plantation de jeunes arbres et l'érection d'une fontaine.

## CAISSE D'ÉPARGNES.

C'est dans l'Hôtel-de-Ville que la *Caisse d'épargnes et de prévoyance* a ses bureaux. Fondée en 1835, cette institution philanthropique a vu s'accroître rapidement la confiance qu'elle inspirait à son début et les dépôts confiés à ses administrateurs.

La Caisse d'épargnes reçoit en dépôt depuis un franc jusqu'à mille, dans la même année, et le montant de la créance de chaque déposant peut être porté à deux mille francs. Les sociétés de secours sont autorisées à déposer annuellement mille francs, et leur crédit peut s'élever jusqu'à concurrence de trois mille francs. Chaque dépôt porte intérêt à raison de quatre pour cent, du moment que la somme a atteint le chiffre de cinq francs. L'administration prête au cinq, sur la caution de deux personnes solvables.

Les bureaux de la Caisse d'épargnes sont ouverts à l'Hôtel-de-Ville pour recevoir les dépôts et faire les remboursements, tous les dimanches, depuis 9 heures jusqu'à midi. Ils sont également ouverts les lundi, jeudi et samedi de chaque semaine, de 2 à 3 heures de l'après-midi, pour recevoir les demandes d'emprunts, faire les prêts, opérer les remboursements de capitaux ou le paiement des intérêts.

Le conseil d'administration est formé de négociants et de personnes notables de la ville, présidés par les syndics.

Il nous reste à traverser la petite rue de Lans, à l'extrémité de la place de ce nom, pour visiter la rue Juiverie, et de là le Sénat.

## RUE JUIVERIE.

Cette rue serait une des plus belles et des plus régulières de Chambéry, si un massif de maisons trop avancées ne venait déranger son alignement et la rétrécir quelques pas avant d'arriver à l'hôtel d'Allinges.

Cette défectuosité ne tardera pas de disparaître, en vertu d'un legs fait par M. de Boigne, et dont une partie doit être affectée à l'embellissement de cette rue.[1]

---

[1] Nous savons de bonne part que les propriétaires actuels de l'ancien hôtel d'Allinges, MM. Belleville et Domenge, ont fait des propositions à la municipalité, pour hâter la régularisation de cette rue, dans le but de dégager leur propriété des maisons qui l'encombrent, et de fournir aux tribunaux qui y siégent, en attendant la construction d'un Palais-de-Justice, un abord plus spacieux.

La rue Juiverie est une des plus anciennes de Chambéry ; elle était comprise dans l'ancienne enceinte de la ville, qui fut commencée par Amédée VI, dit *le Comte-Vert*, et terminée en 1444. Ainsi que son nom l'indique, elle servait autrefois de quartier aux Juifs qu'Edouard accueillit dans Chambéry en 1319, mais avec toutes les restrictions qui pesaient alors sur leur race.

On voit encore, à l'entrée de la rue du Sénat, formant l'angle de la rue Juiverie, un crochet de fer qui servait à fixer la chaîne au moyen de laquelle on parquait les Juifs dans leur quartier, à certains jours de l'année, désignés dans les Constitutions de 1771.

## HOTEL D'ALLINGES.

### SÉNAT. — TRIBUNAL.

Cet hôtel appartenait autrefois à la célèbre maison d'Allinges, qui se distingua autant par les services rendus à la maison de Savoie que par l'emploi de ses richesses au soulagement des malheureux.

Des titres authentiques prouvent que cette famille existait déjà en 984, et qu'elle fit de nombreux échanges avec les anciens rois de Bourgogne qui, pour récompenser la fidélité et les services que plusieurs de ses membres avaient rendus à leur monarchie, leur donnèrent en propre une grande quantité de terrains. Au douzième siècle, les seigneurs de la maison d'Allinges avaient le titre de prince, et l'on a vu cette famille se perpétuer par 26 générations jusqu'à M. le marquis Joseph-Prosper-Gaëtan d'Allinges de Coudré, ancien écuyer de feu la reine Marie-Thérèse d'Autriche-d'Est, épouse de Victor-Emmanuel, mort en 1840, et le dernier de sa race.

Depuis longtemps cet hôtel était affecté aux séances du tribunal de judicature-mage, lorsque, il y a deux ans, des réparations importantes ayant été entreprises pour sa solidité et son agrandissement, on résolut de les étendre de manière à ce que le sénat pût y siéger aussi. De la centralisation de ces deux tribunaux devait résulter un avantage pour la magistrature entière, à cause de la fréquence des rapports qui existent entre les diverses branches du service de la justice.

Le tribunal siége dans l'ancien hôtel d'Allinges, ainsi que le sénat; et, quoique ayant des entrées distinctes, chacune de ces deux juridictions peut communiquer avec l'autre.

Il serait trop long d'énumérer ici tous les grands

hommes, les jurisconsultes célèbres que le sénat de Savoie a fournis depuis sa création, en 1560 [1], par Emmanuel-Philibert, jusqu'à nos jours. Qu'il nous suffise de dire que le sénat de Savoie a été de tout temps considéré comme une des cours suprêmes les plus célèbres par ses lumières et la sagesse de ses arrêts. [2]

Chambéry, comme toutes les villes anciennes, a eu ses vieilles coutumes et ses traditions. Les lois somptuaires publiées dans le cinquième livre des *Statuta Sabaudiæ*, en 1430, contiennent de singuliers usages et de curieuses prescriptions sur l'habillement des diverses classes de la société, la toilette des femmes, la chaussure, etc.

Le code pénal en vigueur aux XIII<sup>e</sup> et XIV<sup>e</sup> siècles, basé sur celui des Francs et des Bourguignons, est un curieux appendice des peines et des amendes infligées aux délinquants de ces temps-là.

En voici quelques dispositions :

On payait 3 sous lorsqu'on frappait quelqu'un,

---

[1] Le sénat avait été institué sous le nom de cour suprême de justice l'an 1329, sous le comte Aimon.

[2] L'ancienne jurisprudence s'honorera éternellement des ouvrages immortels du président Antoine Favre, de ceux publiés par les présidents d'Oncieu, de Bavoux et de Lescheraine, et par les sénateurs Salteur, Berliet, Charpêne, Bergera, Deville, Morel, Viallet, etc.

et 40 sous si on lui avait fracassé un membre ; 5 sous pour un soufflet ; 10 sous pour des cheveux arrachés avec les deux mains ; 5 sous s'ils étaient arrachés avec une seule. Les coups de bâton étaient taxés 10 sous, et les blessures et fractures qui en résultaient, si elles n'étaient pas mortelles, 60 sous. Les coups de pied aux jambes étaient punis par une amende de 10 livres, preuve évidente qu'alors, comme aujourd'hui, les blessures qui en résultaient étaient très difficiles et longues à guérir, etc. L'homicide seul était puni de mort. Celui qui avait violé une fille était tenu de l'épouser, ou de payer une légère amende ; l'homme adultère était condamné à payer 60 sous d'amende, et la femme 30 seulement. Tout mari trouvant sa femme en flagrant délit d'adultère avait le droit de la bâtonner et de la souffleter à son gré. Les usuriers publics étaient regardés comme infâmes, privés de sépulture par l'église, et leurs biens confisqués au profit des malheureux.

Ces compensations pécuniaires pour les délits, qui n'exemptaient point le délinquant des dommages envers la partie lésée, furent en grande partie révoquées par la publication des règlements pour la Savoie, en 1559.

Sous la domination des Francs, les peines corporelles n'étaient admises que pour les crimes d'état, comme la trahison, la désertion et la lâcheté dans les combats. Les traitres et les déserteurs étaient pendus à un arbre ; quant aux lâches et aux poltrons qui refusaient de marcher à l'ennemi, ils étaient noyés ou enfouis vivants dans la boue, la punition de leur crime ne devant pas même être exposée au grand jour.

Sous Childebert, fils de Clovis, une loi déclara dignes de mort le vol, l'assassinat, le rapt et l'inceste ; mais en général la peine prononcée se rachetait avec de l'argent. Il y eut un tarif pour les délits de toute espèce. Celui qui arrachait un œil payait une amende de 72 sous et demi ; et celui qui rendait un homme eunuque s'en rachetait pour 100 sous. Le meurtre d'un Franc, vassal du roi, était taxé 600 sous, et cette amende n'était que de 300 sous s'il s'agissait d'un Romain. Les amendes prononcées contre celui qui tuait un simple Franc, un affranchi ou un serf, variaient suivant la différence des conditions.

Au nombre de ces coutumes et de ces usages qui ont le plus tardé à tomber en désuétude, nous citerons une cérémonie humiliante que l'on faisait subir aux banqueroutiers et aux faillis.

Après le jugement qui le condamnait à une détention plus ou moins longue, le failli était amené à la porte du tribunal, où était établie une large pierre, et là, entouré des archers de justice, on le forçait à s'asseoir trois fois dessus, ce qui s'appelait *donner du cul sur le plot.*

Il n'y a pas très longtemps encore que cette coutume a été supprimée, et l'on voyait encore, il y a quelques années, à la porte du tribunal de Chambéry, la pierre qui servait à cet usage.

## RUE VIEILLE-MONNAIE.
### ANCIEN COUVENT DES RELIGIEUSES DE SAINTE-CLAIRE.

A l'extrémité de la rue Juiverie se dressent le Château de Chambéry et les murs de la Sainte-Chapelle, dont nous avons décrit les phases singulières. Quelques pas faits à gauche nous ramènent au sommet de la rue De Boigne, que nous allons descendre, pour dire un mot de l'ancien couvent des religieuses urbanistes de Sainte-Claire, nom que prirent vers la fin du XIV$^e$ siècle, sous le pape Urbain VI, les *Dames recluses*, instituées en 1212, par sainte Claire. Les Dames recluses furent établies à Chambéry en 1218.

Cet ancien couvent, qui avait son emplacement place Octogone, et s'étendait jusque dans la rue

Vieille-Monnaie[1], subit pendant la révolution française le sort des autres établissements religieux. Ce qui reste maintenant de ses cellules, de ses oratoires, de ses chapelles, d'où s'élevait autrefois un encens pieux d'aloès et de saints soupirs, se trouve aujourd'hui transformé en mansardes et en greniers à foin, derrière l'hôtel des Princes. *O tempora! o mores!...*

Nous voici revenus vers la fontaine de Boigne, et pour nous rendre à notre point de départ, au faubourg Montmélian, il ne nous reste plus à parcourir qu'une faible portion de boulevards, ceinture agréable, à laquelle il ne manque, pour environner la ville et lui donner l'air coquet d'une petite-maîtresse, que de franchir le théâtre et de se relier par un nouvel anneau aux marronniers de la Porte-Reine. Mais le temps, qui a déjà fait tant et de si grandes choses, pourra bien faire ce miracle, et l'époque n'est pas très éloignée peut-être où la bienfaisance, dont le champ a été si largement ouvert par M. de Boigne, trouvera de nouveaux embellissements à faire surgir, à côté de nouvelles plaies à cicatriser.

---

[1] Ainsi nommée à cause d'un hôtel-des-monnaies qui y était établi en des temps très reculés.

Nous croyons être agréable à nos lecteurs en publiant ici la liste des dons faits à la ville de Chambéry par M. de Boigne.

| | |
|---|---:|
| Frais de construct. d'une aile à l'Hôtel-Dieu, portail, etc. | 63,000 |
| Fondation d'une place aux Orphelines ............... | 7,300 |
| Fondation de trois lits à l'Hôtel-Dieu, pour les pauvres.. | 22,400 |
| Fondation de quatre lits pour les voyageurs malades, de quelque nation ou religion qu'ils soient ........... | 24,000 |
| Fondation d'une succursale de quinze lits à la Charité, pour les maladies contagieuses................... | 175,000 |
| Fondation du Dépôt de Mendicité à Chambéry......... | 649,150 |
| Fondation de St-Benoît, hospice des vieillards......... | 900,000 |
| Fondation de l'Hospice des Aliénés .................. | 400,000 |
| Fondation d'un Collége de Jésuites .................. | 270,000 |
| Don à la ville pour diverses rectifications de rues....... | 300,000 |
| Don pour aider à la construction du théâtre.......... | 60,000 |
| Don pour reconstruire la façade de l'Hôtel-de-Ville.... | 50,000 |
| Don à la Société royale académique de Savoie ........ | 20,000 |
| Don à la Compagnie des Chevaliers-Tireurs de Chambéry. | 25,000 |
| Pour secours aux malades et blessés du corps des Pompiers. | 24,000 |
| Don aux Capucins pour bâtir leur église.............. | 30,000 |
| Fondation à la Métropole pour des enfants-de-chœur et maître de chapelle............................. | 130,000 |
| Fondation pour secours aux prisonniers.............. | 33,000 |
| Fondation pour les pauvres honteux................. | 24,000 |
| Fondation pour les Frères des Ecoles chrétiennes ...... | 3,000 |
| Fondation pour les Sœurs de Saint-Joseph............ | 3,000 |
| Pour diverses constructions à la place de Lens (place de l'Herberie), don d'une terre près de Paris, évaluée. | 200,000 |
| Construction d'un clocher au Petit-Barberaz.......... | 5,000 |
| Total......... | 3,417,850 |

TROISIÈME PARTIE.

# ENVIRONS DE CHAMBÉRY

### ET D'AIX-LES-BAINS.

Nous avons dit au commencement de cet ouvrage qu'on arrivait à Chambéry par quatre routes principales ou royales. Pour la commodité de l'explorateur autant que pour éviter la confusion dans les sites que nous allons parcourir, nous partirons de Chambéry, comme du centre où ces routes se réunissent, et les parcourant toutes successivement et par ordre, nous indiquerons le point où il faut les quitter, les lignes d'embranchement qui conduisent aux promenades, points de vue, villes, châteaux, établissements remarquables que nous aurons occasion de citer.

Ces descriptions comprendront un rayon de trois à quatre lieues et parfois davantage ; mais afin de ne pas augmenter le volume de ce livre, que nous désirons autant que possible rendre portatif, nous nous contenterons de donner des aperçus rapides, consacrant plus à la partie historique qu'à la partie topographique. Ce qu'il faut à l'étranger, c'est un jalon qui lui indique les grands événements du passé et les beautés du présent. Lui trop délayer ces beautés c'est lui en ôter l'imprévu, le pittoresque ; c'est lui enlever ses propres sensations pour lui imposer celles de l'auteur, comme si toutes les imaginations s'impressionnaient à un point égal, analysaient avec le même tact et le même goût les mille incidents de la nature !

Ces descriptions formeront la troisième partie de cet ouvrage.

## ROUTE DE MONTMÉLIAN.

### LE BOUT-DU-MONDE.

(A une heure de Chambéry.)

Il pourra paraître singulier que nous commencions la série des environs de Chambéry par un site dont le nom semble devoir clore tous les autres. Si nous débutions en effet par le bout ou l'extrémité du monde, il resterait bien peu de choses à faire voir au lecteur, et notre ouvrage se trouverait terminé à son début; mais que le lecteur se rassure ! Si tant est que la terre, cessant d'être ronde, ait un bout ou une extrémité, elle doit en avoir un autre par lequel elle commence. Or, rien ne nous empêche de commencer par ce bout-là, et mieux vaut encore le trouver à deux pas de chez soi, que de parcourir les 148,506,000 milles carrés qui forment la superficie du globe.

Le *Bout-du-Monde*, un des sites les plus curieux et les plus pittoresques que l'on puisse rencontrer, est situé à une lieue environ de Chambéry. On y arrive en remontant la rivière de l'Aisse, le long de sa digue, jusqu'au village de ce nom. Après avoir dépassé le village et traversé le pont, on continue de cotoyer le torrent de l'Aisse [1] dans une gorge étroite formée par deux montagnes, et qui se resserre à mesure qu'on avance. Quelques minutes suffisent pour se rendre au confluent de l'Aisse et de la Doria. A ce point est établie une papeterie qui fut fondée en 1740, par un Vivarais du nom de Claude Rosset, qui la céda plus tard à M. Montgolfier, d'Annonay, mais dont les produits ne jouirent pas d'une grande réputation sous ses successeurs. Il appartenait à M. Forest, ancien syndic de Chambéry, de comprendre tout le parti qu'un homme habile, avec des capitaux suffisants, pourrait tirer des ressources immenses offertes par cette singulière position. Grâce aux soins de cet industriel remarquable, la papeterie de l'Aisse est devenue aujourd'hui non-seulement un établissement destiné aux plus grands succès, mais encore une providence pour près de cent vingt ouvriers qu'il occupe. On évalue à 200,000 francs les réparations et améliorations apportées par M. Forest dans sa fabrique; aussi cette dernière a-t-elle pris

---

[1] L'*Aisse*, l'*Essa* doit être un mot très ancien, car la plupart des torrents impétueux de l'Appenin s'appellent *Essa*, *Lessa*.

un aspect tout nouveau et qui la rend méconnaissable. Le système ancien a été mis entièrement de côté pour faire place aux mécaniques nouvelles. Les cylindres ont remplacé les foulons ; la vapeur est venue prêter son puissant auxiliaire à tout cela, et grâce au plus ingénieux des mécanismes, et qui aurait fait brûler son auteur comme sorcier quelques siècles auparavant, en moins de cinq minutes on voit une pâte liquide tomber d'un réservoir, se trouver étendue, nivelée, formant la nappe, passer à travers une suite de cylindres chauffés et qui forment autant de laminoirs ; puis sur la même machine sortir tout-à-coup un papier sec et fort, du plus beau blanc et prêt à être employé.

La mécanique, qui a fait tant de progrès depuis un siècle, n'a rien produit de plus beau, et désormais le *Bout-du-Monde* ne sera pas le seul attrait qui dirigera la promenade des étrangers.

Mais revenons à cette autre merveille, que la papeterie de l'Aisse nous avait fait oublier.

C'est par un des corridors de cette papeterie qu'il faut passer pour avoir devant soi la perspective qu'on est venu chercher.

L'effet que l'on éprouve est imprévu ; car, à peine sorti de la papeterie, on découvre un spectacle qu'on était loin de croire aussi rapproché.

L'horizon se trouve entièrement borné, à cent pas de soi, par les montagnes de Nivolet et de Chaffardon, et d'immenses falaises, formant une enceinte demi-circulaire, sont les colonnes d'Hercule du plus hardi voyageur. C'est du haut de ces rochers que la Doria forme sa dernière chute. Outre cette cascade, il en existe une infinité d'autres plus petites qui se frayent un passage à travers les fentes du rocher, notamment celle qui fait mouvoir les artifices de la papeterie, et qu'on a pris soin d'amener par des canaux au-dessus de la roue principale. Rien n'égale la solitude dont on jouit alors ; partout on est entouré de rochers nus, et du fond de l'amphithéâtre il arrive un air frais, mêlé à la poussière de l'eau, qui ne tarderait pas de tout imbiber le spectateur, s'il s'y arrêtait longtemps.

Les chutes supérieures de la Doria, que l'on peut voir en gravissant le sentier de la Plama, un peu avant de repasser le pont de l'Aisse, forment le complément de ce tableau vraiment magique. Le coup d'œil dont on jouit du haut de ces régions élevées est admirable : à droite et à gauche on a les deux châteaux de la Bâthie et de Chaffardon, et devant soi, au pied de la montagne, s'étend le riche vallon de St-Alban, de Bassens et de la Cluse, où la végétation est si précoce.

Au milieu de ces sites sauvages, de ces rochers nus, crevassés et humides, du bruit assourdissant de ces cascades, l'âme se sent involontairement saisie d'un charme étrange et d'une terreur mystérieuse, et seul, perdu qu'on se croit au sein de cette nature inculte et de ces falaises abruptes, on se demande si ce n'est pas là en effet le bout du monde !

### MONT - NIVOLET.

Nous n'avons pas l'intention de conduire le lecteur au sommet de la haute falaise dont la crête aiguë est appelée communément *Dent* de Nivolet[1] ; mais en ce moment nous sommes trop près de cette montagne extraordinaire pour ne pas en dire quelques mots.

Nous avons raconté, à l'article Chambéry, la fable absurde suivant laquelle l'arche de Noé se serait arrêtée sur le Mont-Nivolet. Cette supposition, si elle pouvait être vraie, serait en opposition directe avec l'Ancien-Testament, qui fait descendre Noé et sa famille dans l'Arménie.

---

[1] Le mot *dent* est généralement reçu pour signifier *crête, pointe de rocher aride*, sans doute à cause de la ressemblance de la cime de ces rocs avec la forme et le poli d'une dent.

Ce qui frappe dans cette montagne et que nous voulons signaler, c'est sa configuration singulière, son élévation abrupte et à pic comme une muraille, et l'échancrure qui forme son sommet. M. de Saussure pense qu'elle fut produite jadis par un éboulement. Rien n'égale la vue étendue dont le spectateur jouit du haut de cette montagne ; lorsque le ciel est clair et sans nuage, on découvre les plaines immenses de la Bresse et du Bugey, et la colline au versant de laquelle s'étend la ville de Lyon. Chaque année le Mont-Nivolet est, en été, le but d'une promenade arrêtée d'avance par un grand nombre de personnes à Chambéry. On part le soir à la nuit tombante, on traverse la commune des déserts par un petit nombre de cols assez praticables, et l'on arrive sur la *Dent* à 3 ou 4 heures du matin, pour jouir du lever du soleil.

Nous croirions volontiers que c'est de ce lieu que J.-J. Rousseau a pris les traits du tableau suivant, lorsqu'il dépeint le lever de cet astre lumineux.

« On le voit, dit-il, s'annoncer de loin par les
« traits de feu qu'il lance au-devant de lui. L'in-
« cendie augmente ; l'orient paraît tout en flam-
« mes ; à leur éclat on attend l'astre longtemps
« avant qu'il se montre. A chaque instant on croit
« le voir paraître ; on le voit enfin. Un point bril-

« lant part comme un éclair et remplit aussitôt
« tout l'espace ; le voile des ténèbres s'efface et
« tombe : l'homme reconnaît son séjour et le
« trouve embelli. »

Le Mont-Nivolet *( nivem volere )* est, ainsi que son nom l'indique, un des premiers à recevoir la neige que l'hiver amène, et il la garde longtemps. Son élévation au-dessus du niveau de la mer est de 1438 mètres.

## CHALLES ( EAUX DE )

( A une petite heure de Chambéry, sur la route de Montmélian. )

Nous ne saurions passer devant le pittoresque château de M. le chevalier docteur Domenget sans engager le voyageur à s'y reposer un instant. — L'exquise urbanité de son propriétaire assure à l'étranger le plus bienveillant accueil, et peut-être trouvera-t-il incidemment dans les eaux de Challes, qu'il lui sera permis de goûter, un bien qu'il ne s'attendait pas à retirer d'une promenade d'agrément : la santé !

Les eaux de Challes furent découvertes en 1841, par M. Domenget lui-même ; il se promenait avec sa famille, lorsqu'il fut frappé d'une odeur sulfureuse qui éveilla son attention. Il chercha autour de lui et aperçut un petit filet d'eau blanchâtre qui ne ressemblait en rien à l'eau d'un ruisseau dans lequel il allait se perdre. De légères parcelles de soufre étaient déposées sur quelques petits cailloux, et une pièce d'argent plongée et agitée dans l'eau pendant une ou deux secondes, prit aussitôt une teinte noirâtre : évidemment cette eau était sulfureuse, et comme elle lui parut l'être à un très haut degré, il s'empressa d'entreprendre des travaux qui amenèrent la découverte de nouveaux filets, qui furent centralisés dans de vastes bassins, dont le principal contient aujourd'hui 25,000 litres.

Cinq années de succès éclatants et de guérisons presque miraculeuses, ont prouvé que les eaux de Challes étaient une découverte aussi chère à l'humanité qu'utile à la science.

Un chimiste distingué de Paris, M. O. Henry, qui a analysé les eaux de Challes, a reconnu qu'elles renfermaient quatre substances médicamenteuses énergiques : le sulfure de sodium, l'iodure de potassium, le bromure de sodium et le carbonate de soude. La proportion du sulfure alcalin s'y trouve en quantité tellement considérable, qu'elles n'ont à craindre, sous ce rapport, de rivalité avec aucune autre source connue ; ainsi, tandis que les plus sulfureuses marquent 20, 25 et au plus 30 degrés au sulfydromètre-Dupasquier, celles de Challes atteignent 200 degrés au même instrument !...

M. Bonjean, de Chambéry, s'est occupé de doser l'iode et le brome que ces eaux renferment; d'après ce chimiste, elles contiennent par litre un quart de grain d'iodure de potassium et trois grains et demi de bromure de sodium.

Je laisse parler ce chimiste habile, dans l'appréciation des maladies auxquelles les eaux de Challes sont applicables.

« Les eaux de Challes, dit-il, sont essentiellement dépuratives, cicatrisantes et fondantes; elles conviennent surtout dans les ulcères dartreux, scrofuleux et autres, les engorgements glandulaires, la gravelle, et en général dans les affections des voies urinaires; sous ce dernier rapport, elles ne le cèdent en rien aux eaux de Vichy, si justement connues par leur réputation de *fondantes*. Le sulfure de sodium, qui minéralise les eaux de Challes, est le plus puissant moyen curatif des maladies de la peau; uni aux carbonates, à l'iodure et aux bromures alcalins, il augmente l'action vitale en défaut chez les enfants faibles et lymphatiques, et fait ainsi disparaitre cette faiblesse, qui est la cause génératrice de toutes les maladies strumeuses. Les eaux de Challes sont destinées à jouer un grand rôle dans la thérapeutique ; il ne leur manque que quelques années d'existence pour être appréciées à leur juste valeur. »

Cette appréciation dont parle M. Bonjean n'a pas manqué aux eaux de Challes, car aujourd'hui M. Domenget a peine à suffire aux expéditions qu'il fait de son eau à l'étranger, juste récompense de la persévérance d'un homme que la détraction et des rivalités mesquines cherchaient à décourager à son début.

Il n'existe pas d'établissement de bains à Challes; mais les malades peuvent se faire traiter à Chambéry, qui en est très rapproché, ainsi que nous l'avons dit plus haut.

## ABIMES DE MYANS

(A une heure et demie de Chambéry, à droite du village de St-Jeoire et au pied du mont Grenier.)

On appelle *Abîmes de Myans* un espace d'une lieue carrée qui présente une foule de mamelons et d'éminences plus ou moins considérables, parsemés de petits réservoirs d'eau, et qui s'élèvent où existait autrefois une petite ville de 2,000 âmes environ, appelée St-André.

Cette ville, qui était anciennement le titre du décanat de Savoie et possédait un chapitre de chanoines réguliers, fut ensevelie dans la nuit du 25 novembre 1248, par l'éboulement d'une partie de la montagne de Grenier.[1] La ville de St-André ne fut pas la seule qui eut à souffrir de ce désastre épouvantable. La tradition rapporte que cinq paroisses environnantes subirent le même sort. La chapelle de Notre-Dame fut seule préservée, et cette marque de la protection divine a donné lieu à une fable, que Besson repousse de la manière suivante, dans ses *Mémoires pour l'histoire ecclésiastique des diocèses*, etc., page 309 :

« Quant à tout ce qu'on débite touchant la façon
« dont s'effectua ce renversement, les personnages
« qu'on y fait faire à des légions de démons, leur
« attention à précipiter les rochers à propos pour
« ne point endommager le quartier où était Notre-
« Dame, tout cet appareil qu'on voit sur les murs
« de l'église de Myans, sont des contes inventés
« pour en accréditer ou établir la saine dévotion

---

[1] Cette horrible catastrophe a fourni à M. Aimé Ferraris, auteur du présent ouvrage, le sujet d'un drame en trois actes, représenté pour la première fois le 4 février 1847, sur le théâtre royal de Chambéry. On le trouve imprimé chez les principaux libraires de la Savoie. (*Note de l'Editeur.*)

« vis-à-vis du menu peuple et des bonnes gens,
« qui sont toujours enthousiasmés de pareilles
« fables. J'en dis de même de ce qu'on ajoute que
« ce désastre arriva dans le temps que le prieur se
« divertissait à table avec ses chanoines ; des per-
« sonnes sensées ont rapporté que les premiers
« religieux qui avaient habité ce lieu dès cette
« époque, avaient débité ce dernier trait pour
« qu'il servit d'avertissement à leurs successeurs,
« etc., etc. »

Besson ajoute qu'il existe encore plusieurs actes datés de la ville de St-André, dès le commencement du XIII$^e$ siècle.

La chapelle de Myans est devenue un lieu de dévotion où se rendent une foule considérable de fidèles, le jour de la Nativité de la Vierge, le 8 septembre.

La montagne de Grenier a 1,900 mètres au-dessus du niveau de la mer, et celle de ses faces qui regarde Chambéry est aussi escarpée qu'une muraille.

Les Abimes de Myans sont plantés de vignobles qui produisent en grande quantité un vin blanc d'une qualité très ordinaire, et qui ne se conserve pas, mais qui est toujours très recherché par la classe ouvrière, qui l'obtient à bon marché.

## TOURS DE CHIGNIN

( A une heure un quart de Chambéry, sur une éminence à gauche,
un peu après avoir dépassé le village de St-Jeoire. )

Ces tours sont tout ce qui reste du nom et de l'ancienne splendeur de la maison de Chignin. On voit encore les vestiges d'une enceinte qui reliait autrefois ces ruines à six ou sept châteaux groupés à peu de distance, et qui devaient présenter un aspect de défense considérable.

Selon Albanis-Beaumont, le château de Chignin aurait été bâti au VIII$^e$ siècle. Les tours que l'on aperçoit servaient à transmettre les signaux depuis Chambéry jusqu'à Turin, au moyen de grands feux qu'on allumait à leur sommet. Nos pères n'avaient pas d'autres télégraphes, et c'étaient les seuls moyens de s'avertir promptement entre eux que quelque grand danger les menaçait. Les signaux, répétés de la même manière par les châteaux voisins, donnaient bientôt l'alarme, et en peu de temps tous les seigneurs pouvaient se mettre sur un pied respectable de défense et se prêter un mutuel secours.

Parmi les décombres de l'ancien château de Chignin on a trouvé, il y a quelques années, un vieux collier de fer, garni de pointes et fermant à secret. Les seigneurs de Chignin le mettaient au cou de leurs prisonniers de guerre pour les obliger à payer au plus tôt le montant de leur rançon. Ce collier, qui paraît avoir été un instrument d'un usage répandu pendant la féodalité, puisqu'il en existe plusieurs du même genre dans différentes villes de France, fait partie du Musée de Chambéry.

Chignin est la patrie de saint Anthelme, évêque de Belley. Il naquit en 1106, dans l'enceinte de ses tours, où fut longtemps révéré le bois de son lit.

C'est aux anciens seigneurs de Chignin qu'on doit la fondation du prieuré qui existait autrefois au village de St-Jeoire. Son église, aujourd'hui réduite à de plus petites proportions, existe depuis le XII$^e$ siècle; on y voit les ruines d'un cloître d'architecture dite gothique, mêlée d'arabesques, et qui ne sont pas sans mérite.

Il existe, incrustée dans le mur extérieur de cette église, une inscription remarquable du moyen-âge, en caractères gothiques, et relative à diverses donations.

Le coup d'œil dont on jouit des tours de Chignin est magnifique; il embrasse Montmélian, les belles vallées de l'Isère, le fort de Barreaux, et domine à pic les Abîmes de Myans. Au nord-est on découvre la montagne et le village de Thoiry, d'où l'on tire cette glace limpide et pure dont abonde Chambéry pendant l'été.

Les côteaux de Chignin, que favorise une belle exposition, sont renommés pour les vins délicats qu'ils produisent.

## MONTMÉLIAN

(A deux lieues de Chambéry et sur le bord de l'Isère.)

Cette ville est riche en souvenirs historiques, et sa position frontière en a fait le théâtre des faits d'armes les plus brillants.

Bâtie par une colonie romaine, elle devint bientôt un lieu fortifié et redoutable ; mais elle fut rasée par les Barbares qui envahirent l'Italie et les Gaules, à la chute de l'empire d'Occident. Au VI<sup>e</sup> siècle les Ostrogots la rétablirent, et l'histoire nous apprend que ce fut dans ses murs que Boson se fit couronner roi d'Arles et de Provence, en 879.[1] Plus tard cette

---

[1] Quelques auteurs prétendent que ce fut à St-Jean-de-la-Porte, ou dans Bourg-Evescal (*Mantala*), qui fait partie de cette commune. Ce qu'il y a de certain, c'est que Montmélian s'appelait, au XII<sup>e</sup> siècle, *Monmelianum*, *Mons-Emelianus*, comme le prouvent plusieurs inscriptions trouvées dans son château, et tous les documents des XII<sup>e</sup> et XIII<sup>e</sup> siècles.

ville, devenue la propriété des comtes de Maurienne, reçut de notables embellissements. Ils en relevèrent le château et y établirent leur résidence pendant quelque temps. Sa position sur un rocher escarpé en faisait déjà un lieu respectable de défense ; aussi tous les efforts de Guigues, dauphin du Viennois, et de son fils, pour s'en rendre maitres, furent-ils inutiles.

François I<sup>er</sup> s'en empara cependant en 1535, mais par la trahison de celui qui le défendait ; il y fit ajouter quelques fortifications. Ces additions et celles à la moderne que lui fit subir Emmanuel-Philibert, lorsque la Savoie fut rendue à ses souverains légitimes, firent alors passer ce château pour imprenable.

Henri IV, maître de toute la Savoie en 1600, désespérant de s'emparer du fort de Montmélian, l'appelait « *une merveilleusement forte place, et la meilleure qu'il vit jamais.* » Ce que ne put faire la force de ses armes, les ingénieux artifices de Sully le lui firent obtenir. La femme de ce ministre ayant fait connaissance de la femme du commandant du fort, M<sup>me</sup> de Brandis, par l'échange de quelques colifichets, ces deux femmes amenèrent une capitulation du fort.

On raconte que, pendant le siége qu'Henri IV

fit du fort de Montmélian, Sully, son grand-maître d'artillerie, étant parvenu à établir une batterie au nord-ouest de la forteresse, sur un plateau appelé *les Calloudes*, et qui faisait le plus grand mal à l'ennemi, le Béarnais s'y transporta pour examiner la situation intérieure de la place, que l'on découvrait parfaitement depuis cette hauteur. Mais à peine son panache et ceux de ses généraux les eurent-ils fait découvrir de la garnison, qu'une décharge de la grosse artillerie partit du fort, les couvrit de terre et de cailloux. Le roi, au premier moment de surprise, fit le signe de la croix; sur quoi Sully lui dit en riant : « *Pour cette fois, sire, je reconnais que votre majesté est réellement bon catholique.* »

En 1630, la forteresse de Montmélian, commandée par le comte de Santena, résista aux troupes de Louis XIII, qui en firent vainement le siége pendant treize mois. Le maréchal de Catinat parvint à s'en rendre maître en 1690, après un siége d'une année et trente-un jours de tranchée ouverte. Un éclat de bombe ayant fait sauter le magasin à poudre, la garnison se rendit. Enfin ce fort capitula de nouveau après deux ans de siége, et lorsque la garnison n'eut plus ni vivres, ni munitions; il ouvrit ses portes à Louis XIV, pendant les guerres qu'il fit à Victor-Amédée II. Les Français y entrèrent le 17 décembre 1705, et démolirent complètement ce fort, qui n'a plus été rétabli.

La ville de Montmélian a vu naître dans ses murs Amédée III et Amédée IV ; elle est la patrie de Guy Furbity, célèbre Dominicain, qui prêcha en 1533 à Genève contre l'église réformée ; de Jean Grillet, docteur en Sorbonne, évêque d'Aoste ; de Gavard et d'une foule de prélats et d'ambassadeurs.

Une de ses gloires contemporaines est d'avoir donné le jour à M. le comte Pillet-Will, personnage que sa haute intégrité et ses vastes connaissances financières ont fait nommer régent de la Banque de France. Éloigné de son pays, M. Pillet-Will n'a pas moins conservé de lui le souvenir le plus tendre, et chaque année il le lui prouve en le dotant de monuments utiles et précieux.

Les titres de M. Pillet-Will à la reconnaissance publique sont attestés par l'érection de nombreuses fontaines publiques, une fondation à perpétuité pour des aumônes annuelles, des sommes importantes consacrées à l'embellissement de l'Hôtel-de-Ville, à la construction d'une halle aux grains, à l'achat de terrains étendus devant servir de pré de foire et de promenade publique ; enfin par une foule d'offrandes et de dons généreux aux églises, à la compagnie des Pompiers, et jusqu'à la musique de ce corps, qu'il a gratuitement montée de tous les instruments nouveaux de M. Saxe, et pour la parfaite instruction de laquelle il a envoyé de Paris, à ses frais, un professeur d'harmonie distingué.

Montmélian compte à peine 1,500 habitants ; mais sa population est industrieuse et le commerce y est florissant. Ses vins seraient les premiers de la Savoie s'ils étaient moins capiteux. Par une ancienne coutume, chaque année les syndics de Chambéry allaient à Montmélian *mettre les emprises*, c'est-à-dire fixer l'époque des vendanges ; depuis quelques années seulement cette coutume est tombée en désuétude.

Une des foires les plus importantes de Montmélian est celle appelée *Carabara*, qui se tient le 9 septembre de chaque année, lendemain de la Nativité. Ce nom de *carabara*, dont beaucoup de personnes ignorent l'étymologie, et qui se trouve aussi employé dans beaucoup de villes de France, tire son origine d'une ancienne habitude qu'on avait de fixer les paiements à telle ou telle foire. Ce sont encore les échéances ordinaires de la plupart des paysans. Mais comme chaque année le produit des récoltes varie, et que l'exactitude et la richesse des gens de la campagne subissent le changement des saisons, on appela cette foire *Carabara*, c'est-à-dire *qu'ara bara;* en français, *qui aura baillera* ou *paiera.*

Le vieux château des seigneurs de Montmayeur, ainsi que celui de Miolans, occupent des positions trop reculées pour que nous engagions le lecteur à s'y transporter par pur agrément; c'est sortir même de notre cadre que de les comprendre dans les environs de Chambéry; mais nous avons pensé qu'une courte description de ces anciennes demeures féodales, célèbres à plus d'un titre, ne serait pas déplacée dans cet ouvrage, ne fut-ce que par les chroniques qui les rendent intéressantes.

## TOURS DE MONTMAYEUR.

Au pied de l'une des grandes ramifications des Alpes, sur le sommet d'une chaîne secondaire, appelée le mont Raillant, surgissent deux tours noires et entourées de décombres : c'était autrefois le manoir des sires ou barons de Montmayeur *(Mons Major* [1]*)*, branche cadette de la puissante

---

[1] Bacon-Tacon prétend que le mot de Montmayeur vient de *Mons Maiæ* ( Montagne de Vénus), qui, dit-il, avait un temple ou un autel dans ces lieux enchanteurs.

maison de Miolans. Comme celle-ci, elle ne relevait que de l'empire d'Allemagne, avant l'agrandissement de la maison de Savoie. Sa juridiction féodale et souveraine s'étendait sur Montmayeur, Apremont, Villard-Salet, St-Pierre-de-Soucy et autres lieux.

Les armoiries des seigneurs de Montmayeur portaient un aigle de gueule éployé sur un champ d'argent, avec cette devise : *unguibus et rostro* (des ongles et du bec). Prenant cette devise à la lettre, et considérant cet emblême comme l'expression d'un droit de leur pouvoir, ils imitèrent cet oiseau de proie par leurs violences.

On ne lira pas sans intérêt les détails d'un crime que commit le dernier seigneur de ce nom sur la personne du premier président du conseil suprême de justice de Savoie, Guigues de Feisigny, crime qui a rendu le nom de Montmayeur à jamais célèbre dans les fastes judiciaires. Ces détails furent lus dans un verbal qui exista longtemps au sénat de Savoie ; nous y avons ajouté ceux nouvellement découverts par M. le chevalier Louis Cibrario dans les archives de la cour. On peut donc les considérer comme tout ce qu'il y a de plus authentique à cet égard.

Il paraît que le président de Feisigny avait eu le

malheur de prendre part à un jugement rendu au préjudice de Jacques Montmayeur, alors grand-maréchal de Savoie et chevalier de l'ordre du Collier, dans un procès qu'il avait avec une nièce, ou d'offenser l'orgueilleux baron. Furieux de la perte d'un procès qu'il regardait comme gagné, et l'attribuant à l'influence du président [1], Montmayeur résolut de s'en venger sur ce dernier, et parvint en effet à l'attirer par supercherie dans son château d'Apremont, où il le retint prisonnier avec Aynard d'Entremont, un des amis du président, contre lequel il avait aussi des griefs. Cette arrestation eut lieu en janvier 1465. Il n'y eut qu'un cri dans toute la Savoie contre un pareil déni de justice; mais Montmayeur, se fondant sur ce que Guigues de Feisigny était son vassal, et que tout vassal était justiciable de son seigneur [2], s'empressa

---

[1] La tradition rapporte que le président de Feisigny avait répondu *sur sa tête*, à Montmayeur, du gain de ce procès; mais ce fait n'est consigné dans aucune archive.

[2] L'histoire ne dit pas si c'était par naissance ou par des terres qu'il tenait de lui. Dans le serment de vassalité qui se faisait alors, il était dit : « que le vassal ne prendrait part à aucun complot, à « aucun projet ayant pour but d'attenter à la vie, à l'honneur ou « aux biens de son suzerain ou des membres de sa famille; qu'il s'y « opposerait au contraire de toutes ses forces, et que, s'il ne pouvait « les empêcher, il s'engageait à les révéler. »

de députer quatre commissaires vendus à ses volontés, pour juger le président de Feisigny d'après les lois féodales.

Rapidement instruit de ce qui se passait par une députation du conseil de justice, Amédée IX, qui venait de succéder au duc Louis son père, et qui se trouvait à Bourg en Bresse, expédia des lettres d'inhibition à Montmayeur, en lui intimant, sous peine de la confiscation de tous ses biens, ainsi que de tous ceux qu'il tenait comme feudataire, de ne procéder en aucune manière contre le président de Feisigny, et de le faire transporter, ainsi qu'Aynard d'Entremont, dans le château du Bourget.[1]

Le 30 janvier, le procureur-fiscal de Savoie, Hugues Roffier, et le vice-châtelain de Chambéry, assistés de deux hérauts d'armes, se transportèrent au château d'Apremont pour signifier cette lettre à Montmayeur ; mais la porte extérieure s'étant trouvée fermée, et tous leurs efforts pour parler soit au baron, soit à quelqu'un de ses serviteurs, ayant été inutiles, un des hérauts publia à haute

---

[1] L'ordonnance contenait en outre ces paroles remarquables :
« Qu'on ne croie pas que cette mesure ait pour but de soustraire les
« détenus au jugement et aux peines qu'ils peuvent avoir encourus ;
« il en sera ainsi fait, parce que nous désirons qu'il soit procédé
« contre eux par juste et droit sentier. » (*Archives de la cour.*)

voix l'inhibition, qui fut aussi proclamée le même jour dans les rues de Chambéry. Quelques jours ensuite, Oddinet et deux autres officiers du duc s'étant présentés de nouveau pour renouveler leur protestation contre l'inique simulacre de justice employé par Montmayeur, quelques soldats de ce dernier sortirent du château et les mirent en fuite.

Le dénouement de cette horrible tragédie eut lieu dans les premiers jours de février. Condamné à mort comme traître et félon par les commissaires Nicodo Passini, Etienne de Conti, Etienne Calis et Jacopo Monon, le président Guigues de Feisigny eut la tête tranchée dans la cour du château d'Apremont, et ce fut un valet du comte qui remplit l'office de bourreau. [1]

Ainsi périt Guigues de Feisigny, victime de son devoir, et pour avoir cru que l'administration de

[1] La tradition rapporte encore que ce fut sur un billot et avec un instrument communément appelé dalloire, et dont on se sert pour couper le marc, que le président de Feisigny perdit la tête; elle ajoute que par égard pour la dignité du président, Montmayeur fit tendre de noir le lieu de l'exécution, et donna un confesseur à sa victime. — Ces détails ne sont consignés dans aucune archive, quoique un grand nombre d'auteurs se soient plu à les rapporter (voir l'*Allobroge*, tome I$^{er}$, page 11), sans doute pour donner une forme plus dramatique à un forfait déjà assez noir par lui-même.

la justice du duc était indépendante des droits féodaux.

On raconte que Montmayeur, aussitôt après son crime, mit la tête du président dans un sac à procès, vint à Chambéry la déposer sur la table des juges assemblés, et prit incontinent la fuite.

Par sentence du 23 février même année, Montmayeur fut condamné par contumace à la perte de tous ses biens *feudi* et *retrofeudi*.[1] Cet arrêt fut cassé le 6 septembre 1473, pour vice de forme; mais en 1482, Charles Ier dit *le Guerrier*, ayant succédé à Yolande de France, régente de Savoie, donna de nouveaux juges à Montmayeur, qui fut cité le 17 mars 1486, à comparaître devant le conseil de justice. Après diverses exceptions formées par Montmayeur sur sa qualité de chevalier de l'ordre du Collier, qui lui interdisait de répondre sans l'assistance des chevaliers de cet ordre, et sur son refus formel de se présenter à la barre, le conseil de justice décida qu'il passerait outre, et le 23 juin 1486, le président du conseil ayant tout vu et considéré, prononça l'arrêt suivant :

---

[1] C'était la peine de sa désobéissance aux ordres du duc. A ceux qui s'étonneront de la douceur de cet arrêt, nous répondrons avec M. Cibrario, qu'on n'était pas alors en usage de rendre une sentence contre un coupable, sans l'avoir entre les mains.

« Au nom du Père, du Fils et du St-Esprit, je
« déclare le comte de Montmayeur, et nonobstant
« son absence, qui sera remplie par la présence
« du Seigneur *(quæ Dei præsentia repleatur)*,
« avoir encouru les peines prononcées contre lui,
« c'est-à-dire la confiscation de tous ses biens, le
« condamnons en une amende de 500 francs d'or,
« réservant au duc de modérer cette sentence. »

On croit que Montmayeur mourut peu de temps après ce jugement; car, en 1489, les biens qui restaient à ce seigneur passèrent dans la maison de Miolans.

La famille des Montmayeur a cependant compté dans son sein quelques personnages qui tous ne ressemblèrent pas à son dernier rejeton. Parmi ses ancêtres, plusieurs remplirent de grandes charges dans l'état aux XIV$^e$ et XV$^e$ siècles; trois furent chevaliers de l'ordre suprême de l'Annonciade, et deux occupèrent le siége épiscopal de St-Jean-de-Maurienne.

Quelques réparations que l'on fit en 1684, à une route près du château de Montmayeur, firent découvrir des vestiges considérables que l'on voit encore, et qui ne laissent plus aucun doute sur l'existence d'une voie romaine qui conduisait de Maurienne à Grenoble, en passant sur cette colline.

## CHATEAU DE MIOLANS

(A quatre lieues de Chambéry, près de St-Pierre-d'Albigny.)

Ce château, abandonné depuis la révolution française, n'offre plus qu'un aspect de toits et de ponts écroulés, de planchers pourris et chancelants; mais tel ne fut pas toujours son état lorsqu'il servait de forteresse et de demeure aux seigneurs de Miolans. Situé sur une falaise escarpée de la montagne de Fréterive, il ressemble à un nid d'aigle construit au flanc d'un rocher, et comme lui inaccessible. C'est retranchés dans ces murs que les barons de Miolans se rendirent longtemps redoutables à leurs voisins; les oubliettes, les cachots infects, étroits et profonds, dégradés et mis à nu par le temps, attestent encore de la barbarie des temps féodaux. On y voit une muraille qui, bâtie sur la porte, ensevelissait vivant le prisonnier, et un puits que la tradition suppose avoir été revêtu de lames et d'un plancher à bascule pour les exécutions secrètes. L'entrée unique de ce château formidable était défendue par deux ponts-levis et par quatre portes munies de leurs herses.

En 1523, Charles III, duc de Savoie, acheta le fort de Miolans pour en faire une prison d'état.

C'est là que fut enfermé l'infortuné Lavin, au nom duquel sont attachés des souvenirs et un intérêt populaires. J'emprunte le récit de son crime et de sa captivité à un recueil intitulé *Vues de la Savoie;* il ne pourra qu'intéresser les lecteurs.

« Lavin était un jeune homme employé au secrétariat des finances sous Charles-Emmanuel III. Parmi les talents qui le distinguaient, il possédait celui d'imiter parfaitement toutes sortes d'écritures; ce lui fut un don fatal. Le comte de Stortillan, ministre des finances, eut la pensée de l'employer à faire de faux billets d'état, lui persuadant que le roi y consentait. Lavin refusa d'abord ; mais le ministre, par un piége raffiné et singulier, trouva le moyen de le faire consentir à sa volonté. Le roi, faisant un jour la visite des bureaux, demanda si l'on était content de Lavin, auquel il s'intéressait. « Très satisfait, sire, répondit le ministre, à cela « près cependant qu'on pourrait désirer de lui « *plus de docilité.* » Le roi, qui ne pouvait comprendre un sens caché dans ces paroles, invita Lavin à l'obéissance, et sortit. — « Ne vous avais-je « pas dit que le roi y consentait? » reprit le perfide comte. Tel serait le fait, selon la tradition qui le rapporte.

« Lavin fit les billets et fut découvert. Il s'était

enfui jusqu'à Paris, où il fut arrêté ; le roi ayant obtenu son extradition, le fit ramener dans une voiture, avec des bottes dont les semelles étaient garnies d'épaisses lames de plomb, pour empêcher toute possibilité de fuite de sa part.

« Enfermé à Miolans en 1762, à l'âge de vingt-cinq ans, il y passa une grande partie de sa vie. Ses talents, qui auraient pu l'illustrer sans la perte de sa liberté, intéressèrent plusieurs personnes de haut rang à St-Pierre-d'Albigny. La baronne du Noyer lui fit parvenir tous les adoucissements que pouvait comporter sa situation. Après vingt-deux ans d'une étroite captivité, il obtint d'être changé de prison, et fut transféré à Cève. Son plus grand bonheur, disait-il à quelques personnes, était de faire un voyage pour respirer un air pur et changé. Il mourut deux ans après.

« On croit que le comte de Stortillan fut aussi enfermé quelque part.

« Une fenêtre élevée sur la partie antérieure de la grande tour attire l'attention par la coupure de ses barraux de fer. Quelques vieillards rapportent que des déserteurs renfermés là pendant la révolution, pratiquèrent ce trou en coupant les barreaux avec un ressort de montre dentelé en scie, qui leur avait été transmis dans un pot de soupe, et que, se suspendant en dehors sur un abîme, ils s'évadèrent au péril imminent de leur vie. »

Les barons de Miolans eurent quelque point de ressemblance avec le caractère violent des seigneurs de Montmayeur, dont ils étaient la branche aînée; car Grillet rapporte, tome III, page 36, qu'Aimon II de Miolans, évêque de Maurienne, fut remarquable par les querelles qu'il eut avec ses diocésains, qui le chassèrent deux fois de sa maison et brûlèrent l'église de St-Jean.

---

## ROUTE DE LYON, PAR LES ÉCHELLES.

### CASCADES DE JACOB

( A trois quarts d'heure de Chambéry. )

La Savoie, comme tous les pays semés de montagnes, fourmille d'une grande quantité de cascades. Celles que nous allons décrire sont les plus rapprochées de Chambéry et peut-être les moins visitées, à cause de leur situation dans une gorge éloignée de la grande route. Elles sont loin cependant de mériter l'indifférence que l'on affecte pour elles ; car bien peu de sites offrent l'agrément qui les environne.

Pour s'y rendre, on prend la route de Lyon, jusqu'à une rampe étroite, au sommet de laquelle et après quelques minutes de marche, on arrive entre deux vieux châteaux, au milieu desquels passe la route. A ce point on jouit d'une vue magnifique, formée par la plaine du Bourget et le lac, dont les eaux d'azur tranchent avec la couleur sombre des hautes futaies qui les dominent. Immédiatement au-dessus de ces deux châteaux, le chemin se dirige à droite et suit à mi-coteau pendant un petit quart d'heure.

Dans toute sa longueur ce chemin est bordé de chaumières, de maisons, de petits chalets, le tout entremêlé d'arbres de l'aspect le plus champêtre. Arrivé sur un pont de pierre, on voit un ruisseau se frayer une route à travers une échancrure du roc, que le temps et l'humidité ont rendu aussi noire et profonde que les parois d'une caverne. Ce ruisseau, qu'une pente rapide a conduit jusqu'ici des hauteurs de la commune de Montagnole, acquiert une force étonnante lorsqu'il va se briser sur les gradins usés des rochers sur lesquels il retombe en flocons de neige et d'écume. Pour mieux juger de l'effet pittoresque produit par sa chute, on descend un court sentier, à droite du pont. On est alors au pied de la cascade. La saillie formée par le rocher est si grande, qu'on peut, sans crainte d'être mouillé autrement que par la poussière d'eau mêlée au vent, contourner la cascade et l'admirer ainsi sous toutes ses faces.

Si l'on veut descendre un peu plus bas, par un bois de châtaigniers, on voit le ruisseau former une nouvelle cascade, dont la chute s'effectue de beaucoup plus haut que la première. Les rochers, les précipices, au sein desquels il tournoie, se débat et se précipite, offrent le tableau de la nature le plus accidenté et le plus agreste qu'on puisse voir. Là tout est sauvage et abrupte comme au premier jour de la création : malheur au peintre qui voudrait ajouter du sien au tableau de cette nature inculte où les eaux de la montagne se sont frayé un passage !

Du flanc de la montagne où l'on se trouve, l'œil embrasse devant soi une vallée charmante, au milieu de laquelle s'élèvent le village de Cognin et une foule de maisons de campagne. Les ombres de ce tableau sont formées au midi par les crêtes élevées des montagnes de Couz, les ruines de St-Cassien, et à l'ouest par le pic du Mont-du-Chat, au pied duquel s'étend majestueusement et uni comme un miroir, le lac du Bourget.

## FABRIQUE DE DRAPS

### DE MM. LEVIEUX FRÈRES

( A une demi-heure de Chambéry, sur la route de Cognin. )

Cette fabrique, la plus importante du duché en son genre, mérite ici une mention particulière, et vaut la peine d'être visitée. Située à cinquante pas de la route royale, au-dessus du village de Cognin, elle offre à l'homme étranger aux secrets de la mécanique, une de ces surprises qui le font rester en admiration devant des choses qu'il était loin de soupçonner. Combien de gens ignorent en effet les mille transformations que subit la laine avant de former cette étoffe éclatante de brillant et de coloris dont ils sont vêtus ! Tout dans le monde, jusqu'à la nature, acquiert une forme nouvelle sous la main des hommes, fruit de cette intelligence que le créateur de toutes choses a départie à son plus bel ouvrage.

Les Français, les Anglais et les Belges sont les peuples qui ont le plus perfectionné l'industrie drapière. C'est à John Cokeril qu'on doit ces machines appelées *drousses* et *cardes*, qui, déliant la laine par une succession de petits rouleaux hérissés de crochets aigus, la rend en matelas d'abord et ensuite en boudins transparents, purifiés d'ordure, qui la disposent au filage.[1] Les *mulls-jenny* (les tondeuses de *collier*), lorsqu'elles parurent avec leur étonnante simplification de bras, firent une révolution dans le monde industriel. L'ouvrier brisa la mécanique qui le décimait, et Bruxelles, Manchester, Louviers, Elbeuf, Vienne, ainsi qu'un grand nombre d'autres cités manufacturières, virent ensanglanter le pavé de leurs rues.

Mais ces rages populaires devaient tomber en face de tant d'autres inventions qui perfectionnèrent toutes les industries en général, et mieux avisée, la classe laborieuse comprit que, si la mé-

---

[1] Parmi ces hommes travaillés par le génie, et qui consacrent leur intelligence et leur fortune à doter leur patrie d'inventions utiles, nous citerons un fabricant de cardes de Vienne (Isère), M. F. Levrat, que les recherches les plus savantes, couronnées des plus heureux résultats, mettent au nombre des constructeurs les plus distingués. M. Levrat a inventé une foule de machines ingénieuses, les unes à retordre, les autres à filer, et qui toutes tendent à simplifier et à perfectionner l'industrie drapière. Une des plus remarquables est une *carde-fileuse-continue*, dont le but est de supprimer le filage en gros. Nous verrions avec plaisir les manufacturiers de la Savoie introduire une aussi importante amélioration dans leurs établissements. (*Note de l'auteur.*)

canique retranchait quelques vieilles routines dans une industrie, elle ouvrait mille autres carrières pour rétablir l'équilibre manufacturier.

La fabrique de Cognin, avant de passer entre les mains de ses possesseurs actuels, avait déjà acquis une réputation qui lui assignait un rang honorable parmi les manufactures de produits nationaux. MM. Levieux frères en ont fait un établissement qui laisse bien peu de choses à désirer.[1] La laine qui entre surge dans cette fabrique, c'est-à-dire grasse et fraîchement coupée sur le mouton, en sort en drap brillant et prêt à s'offrir aux ciseaux du tailleur. La plus grande bienveillance accueille les étrangers qui désirent se faire expliquer la filière de cette intéressante transformation.

Deux cents ouvriers trouvent journellement du pain dans cette importante fabrique, d'où il sort annuellement 40,000 mètres de drap fabriqué.[2]

---

[1] Voir nos considérations sur les manufactures, dans l'*Indicateur du duché de Savoie* de 1847, page 288 et suivantes.

[2] Il existe à Chambéry une seconde fabrique de draps, celle de MM. Chapperon et Martin, dont le matériel est moindre et les productions inférieures en qualité, mais qui ne laisse pas que de fabriquer autant sinon davantage que MM. Levieux frères.

## CASCADE DE COUZ

(A une heure un quart de Chambéry, sur la route de Lyon.)

Cette cascade se voit de la route, dont elle n'est éloignée que de deux cents pas ; c'est d'elle que J.-J. Rousseau a dit dans ses *Confessions :* « Le « chemin passe au pied de la plus belle cascade « que je vis de mes jours; la montagne est telle- « ment escarpée, que l'eau se détache net, et « tombe en arcade assez loin pour qu'on puisse « passer entre la cascade et la roche quelquefois « sans être mouillé ; mais si l'on ne prend pas ses « précautions, l'on y est aisément trompé, comme « je le fus ; car, à cause de l'extrême hauteur, « l'eau se divise et tombe en poussière, et lorsqu'on « approche un peu trop près de ce nuage sans « s'apercevoir d'abord que l'on se mouille, à « l'instant on est tout trempé. »

Cette poussière d'eau n'existe pas que derrière la cascade seulement ; lorsque le torrent est grossi, la hauteur d'où l'eau se précipite la fait rebondir avec une telle violence sur les rochers de son bassin, qu'il s'élève comme un brouillard humide, dont s'imprègne l'air à une distance de plus de soixante et dix mètres. Vienne alors un rayon du soleil couchant traverser cette vapeur et cette nappe d'eau retombant en gerbe, et on les voit se transformer en iris éblouissante et en atômes phosphorescents.

Il n'est guère plus possible de se frayer un passage derrière la cascade, comme au temps de Jean-Jacques, sans essuyer une immersion complète ; quelques dégradations, et notamment celles qu'occasionna la gelée de l'hiver de 1830, ayant diminué la saillie du rocher.

La cascade de Couz n'est pas la seule chose qui captive l'attention du voyageur dans cette vallée étroite, qui n'offre plus, jusqu'à la grotte des Echelles, que de rares éclaircies de terrains ; la variété des paysages, les pyramides informes formées par des chutes de rochers sur le bord de la route, accusent partout une nature accidentée et sauvage ; mais c'est surtout une demi-heure avant d'arriver à la grotte que la route atteint le sublime de l'isolement et du pittoresque. Frayée en grande partie sur le roc dont elle suit les circonvolutions, elle voit s'élever à sa droite une gigantesque montagne, la plus aride et la plus nue qu'il soit possible de rencontrer. Sa surface ne présente qu'une immense étendue de rochers grisâtres et crevassés, dans les fissures desquels croissent çà et là quelques ronces et de rares broussailles.

## GROTTE DES ÉCHELLES.

Au bout du chemin que nous venons de décrire s'ouvre une galerie de la plus belle facture, que Napoléon fit percer dans le roc vif, pour ouvrir à la France une communication directe et facile avec la Savoie et les Alpes. Avant d'y pénétrer, on voit à gauche de la grotte un ancien passage qui conduit à une espèce de caverne formée par la nature autant que par les crues périodiques d'un torrent; une de ses ouvertures paraît seule avoir cédé à la pioche ou au marteau dans un temps fort reculé. C'est par cette caverne, qui traverse la montagne, qu'on était obligé de passer autrefois pour communiquer du bassin de Chambéry avec la vallée des Echelles; mais cela ne se faisait pas sans danger, car au fond de cette caverne existait une élévation de près de cent pieds, qu'on ne pouvait gravir et descendre qu'au moyen d'échelles, dont l'intérieur de la grotte était toujours pourvu.

C'est de l'usage de ces échelles que le bourg qui est au-dessous a pris son nom.

En 1670, Charles-Emmanuel II fit faire une nouvelle route à côté de cette caverne, et toute délaissée qu'elle paraît être aujourd'hui, elle témoigne cependant de la sollicitude et des vues éclairées du prince qui la fit construire. Sa jetée principale paraît avoir été un ancien passage des eaux, comblé et exhaussé en divers points par des quartiers de rochers. Du côté des Echelles et à l'issue du défilé, existe une rampe en terrasse qui conduit insensiblement à la plaine.

Dans le temps il fut élevé contre le rocher, en témoignage de reconnaissance, un monument où était placée une inscription latine, faite par l'abbé Tesoro, de Turin, et dont voici la traduction :

« Charles-Emmanuel II, duc de Savoie, prince
« de Piémont, roi de Chypre, après avoir assuré
« la félicité publique, s'être occupé de l'avantage
« de tous, renversant ici des barrières opposées
« par des rochers escarpés et menaçants, aplanis-
« sant les inégalités des monts, comblant les pré-
« cipices sous les pieds des voyageurs, a ouvert
« cette voie royale, plus courte, plus sûre, fermée
« par la nature, vainement tentée par les Romains,
« désespérée après eux, et maintenant offrant à
« jamais un libre accès au commerce des peuples.
« L'an du Seigneur, 1670. »

Ce monument ayant été mutilé pendant la révolution, M. Verneilh, préfet du département du Mont-Blanc, fit rétablir l'inscription et placer au-dessous une lame d'airain qui portait la date de cette restauration, ainsi conçue :

« Ce monument, justement consacré à la mé-
« moire d'un excellent prince, duc de Savoie, a
« été restauré sous les auspices de Bonaparte,
« premier consul des Français, l'an XI de la répu-
« blique française (1803), Joseph Verneilh étant
« préfet de la province. »

Cette dernière inscription a disparu.

Malgré la beauté de cette route, elle a cessé d'être fréquentée par les voitures, qui ne s'avanturaient pas sans danger sur sa pente rapide au moment du verglas causé par le suintement continuel des rochers qui la dominent. Sauf les curieux ou les paysans des environs qui la traversent de loin en loin, cette belle route d'autrefois paraît être rendue à son isolement primitif, où elle restera longtemps, grâce à la percée dont nous avons parlé plus haut, et que Napoléon fit ouvrir dans le roc.

Cette percée, une des plus belles que nous connaissions, offre une longueur de 308 mètres, et la montagne qui s'élève au-dessus a une hauteur qui n'est pas moindre de 184 mètres. Il existe des galeries beaucoup plus longues, telles que celles de Terre-Noire, de Rive-de-Gier et de la Mulatière, sur la route de Lyon à St-Etienne, par le chemin de fer ; mais aucune d'elles n'offre une largeur pareille, deux voitures pouvant aisément s'y contrepasser ou marcher de front. Quelques filets d'eau se font jour à travers la voûte et donnent un peu de fraîcheur à l'intérieur de la grotte ; mais cette humidité, qui n'est pas générale, est peu sensible, à cause du rayon étroit dans lequel elle est circonscrite.

La percée des Echelles n'était pas encore terminée qu'elle acquérait déjà un titre à l'histoire par la résistance héroïque qu'opposèrent quatre-vingts Français à l'armée autrichienne, qui voulait se rendre maîtresse de ce défilé en 1814. Barricadés dans la grotte, ils lassèrent la patience des armées alliées, qui, désespérant de les forcer dans cet étroit passage, furent contraintes de passer pardessus la montagne.

On voyait encore, il y a quelques années, dans les cavités des rocs environnants, les débris de remparts élevés à la hâte par cette poignée de braves, et les meurtrières noircies par le feu.

Victor-Emmanuel, replacé sur le trône de ses pères, fit terminer cette grotte, que la déchéance de Napoléon avait surprise inachevée.

Les divers écrivains qui ont parlé de cette grotte se sont étonnés avec raison qu'aucune inscription n'en signalât les auteurs. Espérons que notre voix, jointe à celle de ceux qui nous ont précédé, éveillera l'attention du gouvernement sur la nécessité de rappeler aux âges futurs, par quelque monument, l'époque glorieuse à laquelle se fit un aussi gigantesque travail, et les noms des princes qui l'édifièrent.

La sortie de la grotte, du côté des Echelles, offre le plus frappant contraste avec la route semée de rochers qu'on vient de parcourir : l'élévation où l'on se trouve prête un charme inexprimable à la riche vallée de St-Christophe, qui se prolonge jusqu'aux Echelles, petite ville sur le Guiers, qui sert de limite entre la France et la Savoie.

## GRANDE-CHARTREUSE.

Lorsqu'on est aux Echelles, on ne peut se dispenser d'aller rendre visite à la Grande-Chartreuse. Des voitures mènent jusqu'à Saint-Laurent; mais l'ascension de la montagne se fait à pied ou à dos de mulet. Le magnifique coup d'œil dont on jouit sur la route, la vue d'une multitude de plantes particulières aux Alpes, et d'insectes curieux, empêchent de trouver longue la durée du trajet. Après avoir parcouru les magnifiques horreurs offertes par d'étroits défilés, au milieu des rugissements du Guiers et des cris des oiseaux de proie, on arrive enfin au vallon latéral où s'élève la Chartreuse.

Elle se montre au milieu d'un amphithéâtre de forêts couronnées de noirs rochers, dont les pics déchirés et sillonnés par la foudre, appellent constamment les nuages pluvieux. La masse des bâtiments est en harmonie avec le site ; vaste et de style austère, elle se déploie en amphithéâtre sur un coteau. Les deux corps principaux sont symétriques et entourés de murs. Le plus grand, de 250 mètres de longueur, contient les salles, la chapelle, la bibliothèque, la pharmacie et les autres attenances ; l'église s'élève au centre, dominée par un clocher d'un bel effet. L'autre corps a 300 mètres de longueur ; il est formé de cellules au nombre de trente-six, chacune avec un petit jardin. L'enceinte des murs extérieurs renferme encore divers bâtiments, où sont les magasins, les ateliers, les étables, etc., des jardins potagers et de petites étendues de terrain. L'église est propre et simple ; le chœur occupe les deux tiers de la longueur de la nef ; la décoration en est aussi sévère que les cérémonies des offices qui, nuit et jour, y sont célébrés. L'impression qu'on éprouve en y entrant est profonde, durable, pleine d'une sainte mélancolie. La salle du chapitre est ornée des portraits de tous les généraux de l'ordre.

La chapelle de saint Bruno, qui s'élève dans la forêt de la manière la plus pittoresque, sur un rocher isolé, est digne de remarque. La neige, sous laquelle elle est ensevelie pendant la moitié de l'année, l'a plus d'une fois renversée ; elle a été reconstruite la dernière fois en 1810. Un peu au-dessous on voit une autre chapelle, dite *Notre-Dame-de-Casalibus*, charmante de style et de décors, couverte de fresques et d'inscriptions dorées. Les Chartreux sont maintenant au nombre de 26 ; leur règle est très austère : l'usage de toute nourriture animale, ainsi que l'emploi de la parole, leur sont interdits. Une robe de serge blanche forme seule leur grossier vêtement et recouvre un cilice de crin ; un capuchon couvre leur tête dépourvue de cheveux. Leur physionomie est froide et contemplative, mais elle n'a rien de maladif ni de désagréable.

La fondation de ce couvent célèbre, due à saint Bruno, date de l'an 1084 ; mais il subit de nombreuses vicissitudes. Les avalanches l'engloutirent souvent, et l'incendie le réduisit en cendres en huit fois différentes. En 1582, les Huguenots, après avoir pillé la Chartreuse et dispersé les moines, la brûlèrent de rechef. Les incendies de 1611 et 1676 dévorèrent tous ses bâtiments. L'édifice actuel a été reconstruit depuis cette dernière catastrophe. Pendant la révolution de 93, les Chartreux furent encore dispersés et leur couvent livré au pillage. En 1816, les bâtiments furent rendus à leur première destination, mais dépouillés de leurs anciennes dépendances et de leurs richesses.

Une auberge située sur les lieux offre aux voyageurs le repos et les vivres dont ils ont besoin après leur longue et pénible ascension.

J.-J. Rousseau a fait l'éloge des religieux qui habitent le monastère, en écrivant sur leur album : « J'ai trouvé dans ce désert des plantes rares et de « plus rares vertus. »

Le couvent est élevé de 1,045 mètres au-dessus du niveau de la mer ; l'ancien monastère l'était de 1,495 mètres.

En quittant ces lieux, dit la *France pittoresque,* à laquelle nous avons emprunté la majeure partie de ces détails, on plaint les Chartreux autant qu'on les admire ; on les visite sans ennui, mais on les quitte sans regrets.

## PASSAGE DE CHAILLES.

A trois quarts d'heure des Echelles on atteint un petit col qui sert à franchir le dernier prolongement des montagnes de la Savoie, dans la partie occidentale.

La description de ce site a été faite par J.-J. Rousseau et répétée par plusieurs auteurs ; nous ne pouvons cependant nous empêcher de la reproduire, tant elle peint admirablement les lieux et les sensations que le pittoresque de leur exposition fait éprouver.

« Non loin, dit-il, d'une montagne coupée qu'on
« appelle *le Pas des Echelles*, et à l'endroit qui
« porte le nom de *Chailles*, court et bouillonne
« dans des gouffres affreux une petite rivière qui
« paraît avoir mis à les creuser des milliers de
« siècles ; on a bordé le chemin d'un parapet pour
« prévenir les malheurs; cela faisait que je pouvais
« regarder le fond et gagner des vertiges tout à
« mon aise. Bien appuyé sur le parapet, j'avançais
« le nez et je restais là des heures entières, entre-
« voyant de temps en temps cette écume et cette
« eau bleue, dont j'entendais les mugissements à
« travers les cris des corbeaux et des oiseaux de

« proie qui volaient de roche en roche et de
« broussailles en broussailles, à cent toises au-
« dessous de moi. Dans les endroits où la pente
« était assez unie et les broussailles assez claires
« pour laisser passer des cailloux, j'en allais cher-
« cher d'aussi gros que je pouvais les porter ; je
« les rassemblais sur le parapet en piles, puis les
« lançant l'un après l'autre, je me délectais à les
« voir rouler, bondir et voler en mille éclats avant
« que d'atteindre le fond du précipice. »

Depuis l'époque où écrivait Jean-Jacques jusqu'en 1846, le défilé est toujours resté le même, avec son chemin soutenu par des terrasses ou taillé dans le roc, tellement étroit en de certains endroits qu'une voiture seule pouvait y passer.

L'année dernière seulement une route nouvelle, pratiquée en dessous de l'ancienne, a été livrée à la circulation. Elle raccourcit le chemin et adoucit singulièrement la montée ; mais elle cotoie toujours les mêmes rochers coupés à pic. On voit toujours le Guiers disparaître dans les puits invisibles qu'il s'est creusés, et les pierres qu'on y jette roulent, bondissent et volent encore en éclats comme au temps où l'auteur de l'*Emile* venait jouir de la nature pittoresque et sauvage de Chailles, appuyé sur le parapet de ses précipices.

## ROUTE D'AIX-LES-BAINS.

La route royale de Chambéry à Aix, construite sous le règne du roi Victor-Amédée III, offre, au sortir de la ville, une belle chaussée appuyée sur le roc. La vue s'étend sur presque tous les paysages que nous avons décrits plus haut, dans le bassin de Chambéry, à l'exception du lac du Bourget, que voilent les collines de St-Ombre et de Tresserve. Vers le milieu de la route environ, à droite du chemin, dans une gorge formée par le versant du coteau, est situé le village de Sonnaz, dans lequel se trouve une carrière de *lignite*, singulier mélange de fougères, de joncs et de bois étroitement liés ensemble, et que son extraction rend propre, lorsqu'il est sec, à servir de combustible.[1]

---

[1] L'analyse chimique de cette matière n'a jamais été faite, et son histoire géologique est en général peu connue. Nous savons de bonne part que MM. Saluce, pharmacien, et Charles, avocat à Chambéry, s'occupent d'un travail sur cette substance combustible, qui sera publié très incessamment. — Ce ne sera pas la première fois que M. Saluce se sera rendu utile à son pays, soit par des recherches

Vis-à-vis de Sonnaz est le château de Montagny, qui fut, en 1814, le théâtre de plusieurs combats acharnés entre les armées alliées et des débris de l'armée française.

La descente de Ragès ne laisse plus qu'une route unie à parcourir jusqu'à Aix. Elle est tracée dans une petite plaine semée à droite et à gauche de marais considérablement assainis dans ces derniers temps par d'immenses saignées qui les ont rendus à l'agriculture. Du chemin on découvre, au pied de la chaîne du mont Nivolet, le village de Méry, qu'un vaste incendie dévora tout entier le 1$^{er}$ août 1836, et qui, grâce surtout à la générosité des étrangers prenant les eaux d'Aix, ne tarda pas à renaître de ses cendres.

Un peu plus loin on traverse le Vivier, et bientôt après se dessine la ville d'Aix.

---

géologiques, soit par des travaux consciencieux en chimie. La haute distinction qu'il vient de recevoir de la Chambre d'Agriculture et de Commerce, à l'exposition de Gênes de 1846, pour avoir découvert le moyen de cristalliser la menthe, est une juste récompense qui honore à la fois ce savant modeste et les hommes qui ont su l'apprécier.

## AIX - LES - BAINS.

La ville d'Aix est située à 45° 38' 58" de latitude, et à 3° 34' 40" de longitude Est du méridien de Paris ; elle n'est éloignée de Chambéry que de deux petites lieues.

Sa position sur la route royale de Genève à Turin en fait un lieu de passage très fréquenté ; mais c'est surtout à la réputation de ses eaux thermales qu'elle doit le concours immense d'étrangers, qui s'y donnent rendez-vous chaque année.

Peu de villes peuvent se flatter de remonter à une plus haute antiquité que la ville d'Aix. Les Romains la désignaient sous le nom d'*Acquæ Allobrogum*; André Baccius, qui écrivait au XVe siècle, l'appelait *Ais in Sabaudia*; Guichenon et Cabias, *Acquæ Domitiæ*, *Acquæ Gratianæ*, d'après l'opinion qu'on avait alors que le proconsul Domitien avait fait édifier ces bains, et que l'empereur Gratien les avait embellis.[1] Dans quelques au-

---

[1] M. le général comte de Loche, dans ses *Recherches historiques sur les monuments romains d'Aix en Savoie*, prétend que l'expression *Gratianæ* a été tronquée par les traducteurs, et que c'est *Gratianopolitanæ*, c'est-à-dire du diocèse de Grenoble, dont Aix faisait au-

teurs on voit les habitants d'Aix nommés *Aquenses*.

Quoi qu'il en soit de ces différents noms, il paraît certain qu'Aix était déjà un lieu d'une certaine importance du temps des Allobroges, avant la conquête que les Romains firent de leur contrée 123 ans avant l'ère chrétienne.

Sous la domination du peuple-roi cette importance ne fit que s'accroître, et l'histoire nous apprend que les divers préfets de la Gaule appelée Seconde-Narbonaise, dont Aix faisait partie, ajoutèrent à ses bains de nombreux embellissements et de nouvelles constructions.

Devenue la proie des Vandales, à la chute de l'empire d'Occident, la ville d'Aix vit disparaître peu à peu tous ses monuments. Ce qu'avait épargné cette horde de nations barbares, ayant Attila pour chef, tomba sous la domination des Francs, qui lui succédèrent ; et l'on se demande comment les Sarrazins qui vinrent après, mettant tout à feu et à sang, laissèrent subsister ces vestiges que l'on voit encore à Aix, derniers restes d'une splendeur passée.

---

trefois partie, qu'il faut dire. Il ajoute que l'empereur Gratien, zélé chrétien, n'aurait jamais ordonné la construction ou même la restauration des thermes, que l'église condamnait alors, à cause de la licence qui s'y était introduite.

Les monuments anciens qui subsistent à Aix sont en petit nombre, mais on a lieu de croire que des fouilles bien dirigées amèneraient de précieuses découvertes pour la science et les beaux-arts.

Les plus remarquables sont :

Les *Bains romains*, sous la maison Perrier-Chabert, et que l'on désigne sous le nom de *Vaporarium* romain ;

L'*Arc de Campanus*, monument votif ou tumulaire encore assez bien conservé ; et l'un des embellissements de la ville d'Aix ;

Le *Temple de Diane* [1], à quelques pas de l'arc de Campanus, dans l'enceinte du château de M. le marquis d'Aix.

Outre les restes des monuments ci-dessus, on a découvert beaucoup d'autres objets antiques, tels que mosaïques, amphores, marbres, porphyre d'Egypte, des fragments de bas-reliefs, de statues, de colonnes ; enfin un grand nombre de médailles et un cadran solaire antique.

---

[1] C'est le nom qu'on a donné à ce singulier monument, qui, s'il servait autrefois de temple à cette déesse, donnerait une bien petite idée de la magnificence que mettaient les Romains dans la construction des temples consacrés à leurs divinités. Millin croyait que c'était plutôt un monument tumulaire érigé pour les affranchis et les esclaves de la maison de Campanus, et c'est aussi notre opinion.

Pendant plusieurs siècles, les eaux d'Aix, survivant aux débris de leurs temples, coulèrent sans pompe et sans éclat dans un antre taillé dans le roc, sinon ignorées, fréquentées seulement par des personnes infirmes qui trouvaient dans leur usage un soulagement à leurs souffrances.

Ce ne fut qu'en 1775, sous le règne de Victor-Amédée III, que furent construits les bâtiments commodes et élégants qui enclavèrent la source et devinrent dignes de recevoir des étrangers. Le régime bienfaisant et éclairé de Charles-Félix ne fit que les accroître et les entourer d'avantages précieux.

Depuis 1783, époque à laquelle les bains furent achevés, jusqu'à nos jours, la réputation des eaux d'Aix a toujours été croissante, et le nombre des étrangers venus pour en faire usage a suivi la même progression. [1]

La ville s'est ressentie de cette agglomération d'étrangers; aussi la population croissant avec ses besoins, de nouveaux faubourgs, de nombreux et élégants hôtels se sont élevés, à tel point que la

---

[1] Avant 1792, le nombre des étrangers qui venaient aux bains d'Aix était de 5 à 600. Sous l'Empire, de 1,000 à 1,200, et depuis la Restauration jusqu'à 1840, de 2 à 3,000.

ville d'Aix, qui, avant 1814, comptait à peine 1,000 habitants, renferme aujourd'hui 3,600 âmes et plus de 520 maisons. [1]

Ce qui contribue encore à faire d'Aix-les-Bains le rendez-vous de la plus brillante société, c'est sa situation au milieu d'une vallée charmante, à la portée de plusieurs grandes villes, sous un ciel magnifique et dans un climat doux et tempéré.

L'absence de maladies endémiques, du goître, du crétinisme, des scrophules, est encore une preuve de la salubrité de son climat. Les épizooties y sont fort rares, et l'on ne se souvient pas d'y avoir vu d'épidémies pestilentielles.

Notre intention n'est pas de publier ici une analyse détaillée des eaux d'Aix, et d'empiéter ainsi sur le domaine de la chimie et de la thérapeutique; mais nous croyons utile d'en donner un aperçu,

---

[1] Un incendie qui, au dire de Cabias, réduisit la ville d'Aix en cendres, l'an 230, et deux autres arrivés au XIII<sup>e</sup> siècle et en avril 1739, ont dérobé beaucoup de titres à son histoire. Aix était, comme seigneurie féodale, la première baronnie de Savoie; elle fut érigée en marquisat en 1575. Cette ville, entourée autrefois par une forte muraille flanquée de grosses tours, avait trois portes, qui prenaient leur dénomination des routes où elles conduisaient, savoir : au midi, la porte de Chambéry; au nord-ouest, la porte de Chautagne, et au nord-est la porte de Rumilly. (Grillet, t. I, p. 239.)

ainsi que d'énumérer les genres de maladies auxquelles elles sont le plus propices.[1]

M. Despine père, médecin-directeur, inspecteur des eaux, les divise en huit catégories principales, qu'il range dans l'ordre suivant, d'après l'affluence de ces sortes de maux dans l'établissement.

1° Les rhumatismes ;

2° Les maladies de la peau ;

3° Les affections strumeuses et lymphatiques ;

4° Les maladies chroniques des os ;

5° Les syphilides ;

6° Les paralysies de toute espèce ;

7° Les névralgies ou affections nerveuses ;

8° Enfin les maladies anomales, qui résultent d'un état général de faiblesse ou d'énervation.

En d'autres termes, les eaux d'Aix rétablissent le ton du système musculaire et la sensibilité détruite ou émoussée ; elles facilitent les digestions laborieuses, combattent le catarrhe chronique,

---

[1] On voit encore au col de St-Saturnin les restes d'un gros mur qui joignait les montagnes de Lémenc et de Nivolet, et fermait le passage. Cette muraille fut bâtie à l'époque de la peste, pour intercepter toute communication entre Aix et Chambéry, les deux cours souveraines de la capitale du duché (le sénat et la chambre des comptes) étant allées siéger à Aix. (Voir Grillet, — Raymond, *Notice sur les Charmettes.*)

fondent les engorgements lymphatiques, dissipent la chlorose, la jaunisse et les scrophules.

Elles sont utiles dans les engorgements abdominaux, l'asthme sec, l'hypocondrie, l'hystérie, les douleurs néphrétiques, les paralysies, les anciennes cicatrices provenant d'armes à feu, les vieux ulcères, les tumeurs blanches, les fausses anchyloses, les maladies cutanées, les affections syphilitiques compliquées ou masquées, et surtout dans les affections rhumatismales, en un mot, dans toutes les maladies où il n'existe ni inflammation ni fièvre aiguë.

L'administration des bains d'Aix est confiée par le gouvernement à l'intendant-général du duché de Savoie, représenté sur les lieux par une commission administrative composée de sept membres.

Les attributs de cette commission comprennent tout le service économique.

Le personnel des employés se compose d'un *économe*, d'un *contrôleur*, de trois *huissiers*, d'un *concierge* et d'un grand nombre de *doucheurs*, *doucheuses*, *porteurs*, *sécheurs* et *sécheuses*, enfin de *coureurs* ou *postillons*, dont la moralité et la capacité sont l'objet d'un sérieux examen.

On trouve à Aix des médecins d'une réputation justement acquise, et que leur longue expérience des eaux rend dignes de toute confiance.

Pour rendre le séjour de la ville plus agréable, une société s'est réunie en 1824, pour y former un cercle ou *casino*, dans lequel, au moyen d'une légère rétribution, les étrangers peuvent se procurer les agréments de la lecture, de la musique et des jeux de toute sorte. Dans ce vaste établissement se trouvent encore des salles de billards, de concerts et de danse, et un petit théâtre où viennent jouer deux fois par semaine les artistes du théâtre royal de Chambéry, lorsque ce théâtre est occupé. Le tout attient à de vastes jardins, dont les allées ombreuses et sablées, dont les bosquets masquant de frais reposoirs, invitent à de gaies promenades et aux plus douces rêveries. [1]

Enfin l'administration s'est attaché, pour la saison des bains, un quatuor d'artistes du Conservatoire de Paris, pour donner des concerts, ce qui fournit l'occasion de danser presque tous les soirs.

---

[1] Un emplacement vient d'être acheté pour y construire un nouveau cercle, plus étendu et mieux distribué encore que le casino existant. A la fois central, d'un accès facile et bien exposé, il réunit toutes les conditions désirables. L'enclos actuel est déjà suffisant pour y établir quelques bosquets. Des acquisitions successives prolongeraient ses promenades jusqu'au ruisseau de Tresserve.

Le nouvel édifice devra s'ouvrir avec la saison de 1849. Son plan est mis au concours, et tout porte à croire que sa construction absorbera environ 150,000 francs.

On a calculé que la masse des étrangers qui vient passer la saison des eaux à Aix laissait dans le pays une somme annuelle et approximative de 500,000 à 550,000 francs, et que l'administration des bains entrait pour un dixième environ dans cette somme.

Aix est la patrie de Claude de Seyssel, qui fut un des principaux ornements de l'université de Turin, où il mourut archevêque en 1520. Il fut un des premiers auteurs qui aient commencé à écrire le français avec quelque pureté. Ses traductions en langue vulgaire des meilleurs auteurs latins et grecs lui ont fait un nom dans les lettres.

Un grand nombre d'auteurs ont écrit sur Aix : les uns se sont occupés de ses promenades, de ses environs, de ses monuments ; les autres l'ont considéré sous le point de vue de l'analyse médico-thérapeutique de ses eaux.

Parmi les plus modernes, je citerai M. le comte de Fortis, qui a fait des environs d'Aix les plus charmantes descriptions dans ses *Lettres à Amélie,* et que la mort vient de frapper cette année dans un âge très avancé ; — M$^{lle}$ Jenny Bernard, dont les poésies gracieuses ont mérité d'être couronnées par l'Académie de Savoie ; — M. le général comte de Loche, que des recherches savantes sur les monuments romains d'Aix en Savoie, et plusieurs autres ouvrages, ont placé au premier rang des antiquaires nationaux.

Et parmi ceux qui ont le double mérite de réunir l'analyse médico-thérapeutique des eaux à la partie descriptive et statistique du pays, deux hommes dont les noms sont déjà chers à la Savoie autant qu'à la science : M. C. Despine fils et M. Joseph Bonjean, que l'empereur du Brésil vient de créer chevalier de l'ordre du Christ, comme une juste récompense de ses consciencieux travaux et de ses précieuses découvertes.

Je ne saurais terminer cette petite notice sur Aix sans parler de ses environs, de ses promenades, qui sont de moitié dans les plaisirs que l'on trouve dans cette ville.

Tous les jours on voit de brillants équipages, de nombreuses cavalcades d'ânes et d'ânesses se diriger tantôt du côté du lac, entre cette file de hauts et verts peupliers d'Italie qui conduit au *port de Puer*, tantôt sur les routes si belles et si bien entretenues de Genève et de Chambéry. Le plus souvent on voit des familles entières se diriger à pied le long des frais sentiers qui aboutissent aux riantes *collines de Tresserve*, aux bois touffus de *Cernin*.

Ces lieux ne sont pas les seuls qui attirent l'attention de l'étranger. La Savoie, comme la Suisse, est riche en tableaux pittoresques, mais nul pays n'en résume autant et de plus variés, dans un aussi court espace, que la ville d'Aix.

Au nombre de ceux qui doivent leur seul mérite au panorama qu'ils déroulent aux regards du visiteur étonné, je citerai le *Gigot* (à 4 minutes d'Aix); le *Jardin Chevallay* (à 12 minutes); le *Bois Martinel* (à 20 minutes); la *Carrière des Romains*[1] (à 30 minutes); le *Hameau de Saint-Simon* et la *Tour Eustache* (à 20 minutes); le *Château de St-Innocent* (à une heure), et au bout du lac celui de *Châtillon*, qui vit naître le pape Célestin IV.

Qu'on se figure une de ces hauteurs entourée d'une nature luxuriante, d'arbustes en fleurs, de coteaux boisés, au milieu de laquelle surgissent plusieurs villages dont les clochers ardoisés scintillent à éblouir; un peu plus loin les eaux d'un lac pur et tranquille reflétant comme un miroir les feux du soleil, puis, comme fond du tableau, des montagnes à pic; les unes, dans le lointain, cou-

---

[1] C'est de cette carrière, suivant M. C. Despine fils, que paraissent avoir été extraits les blocs énormes employés à la construction du temple de Diane et de l'arc de Campanus.

ronnées de neiges, les autres, plus rapprochées, avec une ceinture de nuages à leur flanc ; en face, d'énormes falaises, dont la grande ombre se projète sur les bords du lac, et l'on n'aura là que la vue d'un instant, car chaque rayon de soleil varie ces tableaux, les assombrit ou les éclaire ; car chaque coteau les présente sous un nouvel aspect, et met en opposition les plus saillants contrastes.

Outre ces promenades que nous venons de citer, il en est d'autres historiques et sur lesquelles nous ne pouvons nous dispenser de nous étendre ; telles sont : la *Cascade de Grésy*, la *Grotte de Bange*, la *Maison du Diable*, *Hautecombe*, la *Fontaine intermittente*, le *Mont-du-Chat*, le *Bourget*, le *Château de la Motte*, etc. Ce sont en partie les points les plus éloignés des excursions des étrangers ; mais, j'ose le dire, bien peu de personnes retournent dans leurs foyers sans leur avoir payé un juste tribut d'admiration.

## CASCADE DE GRÉSY

(A 45 minutes d'Aix.)

Elle est située sur la route de Genève, au confluent du Sierroz et de la Daisse, torrents impétueux qui se sont creusé des précipices effrayants, au sein desquels on voit les eaux se précipiter et disparaître.

Ces lieux sont devenus historiques par le malheur qui arriva en 1813 à M$^{me}$ la baronne de Broc, dame du palais, qui accompagnait la reine Hortense dans une promenade à cette cascade. Forcée de passer sur une planche que la mousse et l'eau avaient rendue glissante, et répugnant de s'appuyer sur le bras officieux d'un meunier, M$^{me}$ de Broc glissa et disparut dans les flots. Tous les efforts pour la rendre à la vie furent inutiles.

Voici l'inscription gravée sur la pierre qui rappelle ce triste événement :

ICI

MADAME LA BARONNE DE BROC

AGÉE DE XXV ANS, A PÉRI SOUS LES YEUX DE SON AMIE

LE X JUIN MDCCCXIII.

O VOUS QUI VISITEZ CES LIEUX

N'AVANCEZ QU'AVEC PRÉCAUTION SUR CES ABIMES

SONGEZ A CEUX QUI VOUS AIMENT !

## LA MAISON DU DIABLE

( A 20 minutes d'Aix. )

On y est conduit par un sentier agréable, à droite duquel serpente un petit ruisseau vulgairement appelé *Ruisseau des Sangsues*.[1] Arrivés au pont du Tillet, les jeunes gens se frayent un passage à travers la forêt, les moins ingambes gravissent le chemin un peu raide qui la contourne, et presque aussitôt un bâtiment noir, enfumé et construit sur une petite éminence s'offre à la vue. Une vaste magnanerie qu'on a élevée tout auprès, depuis quelques années, lui ôte un peu de son aspect sauvage d'autrefois ; mais rien qu'à voir ses murs noircis par le temps, ses larges croisées ouvertes et dans lesquelles le vent s'engouffre, on est tenté de croire que du temps des sorciers le sabbat pouvait bien s'y tenir.

Maintenant, en quoi le diable se trouve-t-il mêlé ou compromis là dedans ? Voici.

Suivant M. le comte de Fortis, une belle jeune fille cueillait autrefois des fraises dans le bois de

---

[1] On y trouve en effet un assez grand nombre de ces reptiles aquatiques, mais dont l'usage ne saurait être utile en médecine.

Cernin, tout en gardant ses chèvres, lorsqu'elle fut rencontrée par un de ces élégants valétudinaires qui fréquentent les eaux. Frappé de la beauté de la villageoise, le jeune homme acheta ses fraises qu'il paya richement. Le second jour il en fit autant. Chaque jour nos jeunes gens venaient s'asseoir au pied de la maison déserte, lorsque le curé du village les surprit. — « Ne mène plus tes chè-
« vres dans la forêt de Cernin, dit-il le soir même
« à la jeune fille; le démon est plus fort que la
« chair, et il t'arrivera malheur. »

La jeune fille tomba aux genoux du bon curé, en lui avouant que ses conseils arrivaient trop tard. Le digne prêtre la releva avec bonté, prit des informations sur son séducteur; mais il était parti le même jour. Une étrangère que le vénérable ecclésiastique sut intéresser au sort de la malheureuse fille, l'emmena avec elle. Cette brusque disparition, dont les motifs furent longtemps ignorés, parut surnaturelle, et la superstition aidant, les villageoises qui ne virent plus leur compagne mener brouter ses chèvres au pied du bâtiment désert, répandirent le bruit que le diable l'avait emportée : de là le nom resté à l'édifice de *Maison du Diable*.

M$^{lle}$ Jenny Bernard, dans son gracieux et intéressant recueil de poésies, *le Luth des Alpes*, a consacré une page brillante à la *Maison du Diable;* mais comme la poésie a ses licences, son récit se ressent aussi du merveilleux.

D'après elle, un homme aurait seul élevé cet étrange édifice ; mais elle ajoute que l'on raconte :

« Qu'un diable était la nuit son aide épouvantable ;
« Que du fond de l'enfer il apportait la chaux,
« Et d'un souffle de flamme allumait les fourneaux ;
« Et même on l'entendait compter les grains de sable
   « Qu'il retirait des bords de l'eau,
« Quand le vent tournoyait à l'entour du coteau. »

L'architecte travailla ainsi pendant quarante ans,

« Sans quelqu'un pour l'aider, seul, sans auxiliaire,
« Sans perdre en vains discours une heure, un seul
                                    [ moment.
« Lui seul taillait la pierre et broyait le ciment... »

Enfin il voyait son ouvrage terminé, et s'apprêtait à jouir du fruit de ses travaux,

« Quand un hôte effrayant vint frapper à sa porte :
      « C'était la mort... »

Le lecteur choisira celle de ces deux versions qui lui plaira le mieux. Mais il n'en est pas moins vrai que, si l'ignorance et la superstition font encore de ce lieu, pour les gens de la campagne, un objet de terreur, les sites agréables qu'on découvre un peu plus loin sur une esplanade élevée, le rendent le point de mire de la promenade de tous les étrangers.

## HAUTECOMBE

(A 2 heures d'Aix.)

Célèbre abbaye, située sur le bord occidental du lac du Bourget, au pied du Mont-du-Chat. Elle fut fondée par Amé III, en 1125, et appartenait à l'ordre de Citeaux. Pendant plusieurs siècles cette abbaye fut la sépulture des princes de la maison de Savoie. En 1796 ses tombeaux furent brisés; on arracha les plombs des cercueils et tout ce qui pouvait avoir quelque prix. Le couvent et ses terres furent vendus comme bien national, et les bâtiments échurent à un industriel qui les transforma en une fabrique de faïence.

Le roi Charles-Félix se trouvant à Chambéry en 1824, mu par un sentiment de piété envers ses ancêtres et de religieuse vénération pour leur mémoire, acheta, sur sa cassette particulière, les bâtiments du monastère avec toutes ses dépendances, et chargea l'ingénieur Mélano de tracer le plan de leur restauration dans le même style que celui des restes d'architecture et de sculpture qui subsistaient encore.

Comme on s'était contenté de dépouiller les morts sans toucher aux ossements, il fut facile de les retrouver dans leurs tombeaux respectifs. Le premier soin de Charles-Félix fut d'en faire reconnaitre l'identité et de les faire transporter en lieu sûr jusqu'à l'achèvement des travaux.

En 1826, S. M. Charles-Félix se trouvant de nouveau à Chambéry, ville qu'il affectionnait d'une manière toute particulière, et les travaux étant presque terminés, on résolut de profiter de sa présence et de celle de son auguste épouse Marie-Christine, pour la consécration de l'église et la translation des corps dans leurs nouvelles tombes. Cette cérémonie eut lieu les 5 et 6 août, au milieu d'un concours immense de personnages de la plus haute distinction, et avec la plus grande solennité.

Le lendemain 7, le roi remit l'abbaye entre les mains de dom Léandre Siffredi, abbé de la Consolata de Turin, et procureur-général de l'ordre de St-Bernard, avec une charte de donation, à la charge de veiller à la garde des tombeaux et d'y faire les prières et autres œuvres prescrites par l'acte de donation.

Depuis lors les travaux marchèrent rapidement, et bientôt, grâce à la munificence royale, Hautecombe reconquit son antique splendeur.

Charles-Félix étant mort quelques années après cette pieuse restauration, ses dépouilles mortelles furent amenées en grande pompe de Turin à Hautecombe, où elles reposent à l'endroit même qu'il avait désigné. L'inscription qu'on lit sur son tombeau, et qu'il a voulu qu'on y gravât, est telle qu'il l'avait écrite lui-même de sa main. La mort de ce prince fut l'occasion d'un deuil public, et ses funérailles s'accomplirent avec une pompe digne d'un aussi bon monarque.

La reine Marie-Christine, sa respectable veuve, vient quelquefois à Hautecombe pleurer son auguste époux. Sa dernière visite, en 1843, a été marquée par des dons et des réparations au monastère tellement considérables, qu'elles dépassent même les dépenses énormes faites par Charles-Félix.

Parmi les marbres, tableaux, statues et autres monuments qui garnissent l'église, il en est plusieurs qui sont du plus grand mérite. Au nombre des plus dignes d'être admirés, nous citerons un groupe en marbre de Carrare sorti du ciseau du Cacciatore, un tableau de saint Bernard, peint par

Serrangeli, de belles peintures à fresque de Vacca et de Gonino ; les tombeaux des princes Humbert III, Amédée IV, Amédée VII. A la gauche du sanctuaire on remarque le monument de Louis I$^{er}$, baron de Vaud, et de Jeanne de Montfort ; à sa droite celui du comte Aimon et de Yolande, et derrière le maître-autel, celui de Boniface de Savoie, primat d'Angleterre et archevêque de Cantorbéry. Enfin, près de la porte de la sacristie, le magnifique mausolée de Pierre de Savoie, et dans l'autre nef celui d'Anne de Zehringen.

Une chapelle que nous engageons le visiteur à ne pas oublier est celle de St-André, située derrière l'église, et dont la petite sacristie est destinée à servir de sépulture aux moines du monastère. Le tableau de son maître-autel, dû au pinceau d'Ayrès de Savigliano, est une toile remarquable. Une petite tour octogone s'élève sur la petite chapelle, et le coup d'œil dont on jouit de son sommet est ravissant.

Quant à l'architecture du monument d'Hautecombe, elle appartient par sa façade principale au style gothique fleuri, ainsi nommé à cause de la multiplicité et de l'élégance de ses ornements. Diverses statues la décorent ; ce sont, au premier plan : la *Foi,* l'*Espérance,* la *Charité* et la *Reli-*

*gion ;* au deuxième plan : la *Justice*, la *Force*, la *Tempérance* et la *Prudence*.

Le vaisseau intérieur de l'église est d'une admirable proportion, et rien n'égale la profusion, la variété et la délicatesse des ornements gothiques qui le décorent. On demeure en admiration devant une foule de cariatides, de statuettes, de bas-reliefs exécutés avec la plus grande perfection.

L'abbaye d'Hautecombe a donné deux papes à l'église romaine, Célestin IV et Nicolas III, et produit un grand nombre d'abbés aussi distingués par leurs vertus que par leurs rares talents.

Cette célèbre abbaye est devenue le rendez-vous de tous les étrangers pendant la saison des eaux. Elle servait autrefois de but aux promenades qu'un bateau à vapeur faisait chaque semaine sur le lac ; mais depuis que cette entreprise a cessé, les mariniers du pays y ont gagné, sans que pour cela le nombre des curieux ait de beaucoup diminué ; et chaque jour on voit en été cingler vers la royale abbaye une foule de bateaux, qui témoignent assez de tout l'intérêt qu'elle inspire. [1]

---

[1] Voir pour plus grands détails la *Description histor. de l'Abbaye royale d'Hautecombe*, etc., par le baron J. Jacquemoud, sénateur et chevalier de plusieurs ordres. (Chambéry, 1843 ; prix : 2 fr. 50). Cet ouvrage, fruit de nombreuses et savantes recherches, riche d'une solide et vaste érudition, est tout ce qu'il y a de plus complet.

## FONTAINE INTERMITTENTE.

Une fois à Hautecombe, l'étranger ne peut guère se dispenser de visiter la *Fontaine intermittente ou des Merveilles*. Située à 15 minutes environ d'Hautecombe, cette fontaine est le complément d'une promenade qui doit laisser au voyageur les plus doux souvenirs.

On y arrive par un sentier agréable bordé de mûriers et d'acacias. Le roc, d'où jaillit l'eau de cette fontaine, est appuyé contre la montagne, à l'endroit où la route s'élargissant, forme un plateau ombragé de châtaigniers. C'est d'une crevasse de ce roc que l'eau s'échappe quand on s'y attend le moins, pour tomber dans un petit bassin naturel autour duquel croissent le buis, le capillaire, le lierre et le scolopendre. Lorsque l'eau veut arriver, on est averti par un grouillement d'abord sourd et lointain, mais qui grossit avec l'eau qui s'approche et se montre tout-à-coup, pour se diviser à gros bouillons dans le bassin qui s'emplit et se vide tour-à-tour.

Les intermittences de cette fontaine varient avec les saisons. En temps de pluie et en hiver, elle est très fréquente, et coule quelquefois sept à huit fois par heure. En été et pendant la sécheresse, elle devient plus rare et reste quelquefois plusieurs jours sans couler. Ses intermittences n'ont jamais aucune régularité.

Le père de Challes a publié un petit écrit sur cette fontaine; MM. Pictet et Lefort l'ont décrite et ont essayé d'en expliquer le phénomène, ainsi qu'Albanis-Beaumont; mais aucune explication ne nous a paru aussi claire, aussi bien démontrée que celle qui a été fournie par Mgr Billiet, archevêque de Chambéry, à M. le baron Jacquemoud, et que ce dernier a publiée dans sa *Description historique de l'abbaye royale d'Hautecombe*. Nous nous faisons un devoir de la reproduire :

« Qu'on suppose, dit-il, un réservoir existant dans l'intérieur du sol, un filet d'eau qui y arrive du sein de la montagne, une cavité ou un tube recourbé en forme de siphon, qui ait l'une de ses ouvertures en dedans et vers le fond du réservoir, et l'autre en dehors à un niveau inférieur.

« Si le tube emploie autant de temps à vider le réservoir qu'il en faut au filet d'eau pour le remplir, il y a écoulement continu : c'est une fontaine *uniforme*. Si le réservoir est presque aussitôt rempli que vidé, en sorte que l'écoulement éprouve des retours d'augmentation et de diminution sans cesser entièrement, on a une fontaine *intercalaire*. Si le siphon a un diamètre assez large pour épuiser le réservoir en 15 minutes, tandis qu'il en faut 30 à la source pour le remplir, on aura une fontaine *périodique* ou *intermittente*, dont l'écoulement sera de 15 minutes et la remission de 30 minutes. Si le siphon peut épuiser le réservoir en 5 minutes, tandis qu'il en faut 60 à la source pour le remplir, il y aura écoulement de 5 minutes et intermittence d'une heure.

« Si la source fournissait toujours la même quantité d'eau, la durée des intermittences serait invariable; mais si, comme il arrive presque toujours, elle augmente chaque fois qu'il pleut, et diminue dans les temps de sécheresse, les intermittences doivent varier en sens inverse dans les mêmes proportions. Ce phénomène pourrait être expliqué de plusieurs manières; mais celle qui précède est préférable, parce que le glou-glou qu'on entend à la fin de chaque écoulement, paraît annoncer d'une manière certaine la rentrée de l'air dans un siphon peu éloigné. »

On évalue à trois mille le nombre des personnes qui viennent chaque année admirer les monuments d'Hautecombe et les sites enchanteurs qui les environnent.

## LE LAC.

Pouvons-nous parler des environs d'Aix, sans dire quelques mots du lac si majestueux et si beau qui s'étend au pied de cette ville comme pour en compléter les plaisirs ?

Le lac du Bourget a quatre lieues de long sur une lieue un quart de large. M. de Saussure estime à 80 mètres sa plus grande profondeur, qu'il place vis-à-vis Hautecombe et le château de Bordeau. Sa hauteur, au-dessus du niveau de la mer, est de 231 mètres. Les eaux de ce lac se dégorgent dans le Rhône par le canal de Savière, et se rendent ainsi directement dans la Méditerranée.

Le lac du Bourget fournit une grande quantité d'excellents poissons, parmi lesquels on remarque le lavaret, l'ombre-chevalier, la truite, l'anguille, le brochet, la brême, la lotte, etc. Le premier de ces poissons est particulier à ce lac, et l'on a vainement cherché à l'introduire ailleurs.[1] Son poids excède rarement une livre, et sa chair, qui est des

---

[1] On raconte que Henri III, à son retour de Pologne, passant à Chambéry, trouva ce poisson tellement à son goût, qu'il s'en faisait envoyer régulièrement à Paris.

plus délicates, le fait rechercher des gourmets. Enfin, les bords du lac offrent aux chasseurs une ample moisson de canards sauvages, de poules d'eau, de grèbes, de râles et de loutres, et joignent ainsi les plaisirs de la chasse à ceux de la pêche et des plus gaies promenades.

## CHATEAU DE BORDEAU.

(A une heure et demie d'Aix.)

M. Raymond, dans sa notice sur les Charmettes, a comparé l'escarpement effrayant sur lequel le château de Bordeau est situé, au rocher de Leucate. On y arrive également par la route nouvelle du Mont-du-Chat et par le lac; mais pour l'étranger qui est à Aix, cette dernière voie est beaucoup plus courte et plus agréable.

Albanis-Beaumont suppose ce château bâti vers le IX$^e$ siècle et possédé par les comtes de Savoie. Dans un registre de fiefs qui se trouve aux archives royales de Chambéry, on le trouve appartenant, en 1263, à Humbert, de la maison de Seyssel.

Au XVI$^e$ siècle, il y fut établi une manufacture d'armes. Michel Montaigne en parle ainsi dans le journal de ses voyages en 1581 et 1582, tome III, page 240 :

« De là, nous vînmes passer le Mont-du-Chat,
« haut, roide et pierreus, mais nullement dange-
« reus ou mal aisé, au pied duquel se siet un
« grand lac, et le long d'iceluy un château nomé
« Bordeau, où se font des espées de grand
« bruit. »

Ce qui reste aujourd'hui du vieux château de Bordeau est peu fait pour rappeler son ancienne importance. L'enceinte de murailles détruite depuis longtemps et quatre petites tourelles qui garnissaient ses ailes démolies pendant la révolution, ne laissent plus à découvert qu'un bâtiment noirci par le temps, et qu'à première vue on est tenté de croire abandonné.

Le village de Bordeau est un composé de quelques masures au milieu desquelles se fait seulement remarquer, avec quelque propreté, une rustique auberge. C'est là que vous conduisent ou vous attendent les toujours très altérés mariniers qui vous ont fait traverser le lac. Le vin de Bordeau qu'on y sert n'a ni la vertu, ni le fumet de son homonyme du département de la Gironde, mais il n'a pas non plus son prix élevé ; et moyennant 40 centimes le litre, l'étranger peut étancher sa soif et celle de ses rameurs dans un petit vin clairet que la chaleur et la fatigue lui font trouver délicieux.

Le village est traversé par un ruisseau qui prend sa source au Mont-du-Chat, et dont l'eau est transparente et pure comme du cristal de roche. Ce ruisseau fait mouvoir une paisible papeterie et va se jeter dans le lac où il forme, en tombant, diverses cascades très pittoresques.

## MONT - DU - CHAT.

### ( A deux heures d'Aix. )

On appelle ainsi la chaîne de montagnes au pied de laquelle s'étend le lac du Bourget et se dressent les ruines du château de Bordeau. La route qui serpente le long de cette montagne, depuis sa base jusqu'à son sommet, est toute nouvelle, et le mérite en appartient tout entier au gouvernement sarde, qui la projeta et la fit construire; elle est large, commode et pratiquée dans le genre de celle du Mont-Cenis. Cette construction n'a pas seulement ouvert une voie nouvelle aux rapports de la Savoie avec la France, elle a encore raccourci de onze postes le trajet de Paris à Chambéry.

Une heure et demie suffisent pour gravir la montagne de sa base au sommet; mais ce laps de temps est diminué d'un bon tiers si l'étranger veut profiter de ce qu'il se trouve à Bordeau pour faire cette promenade. Il lui suffira de prendre quelques sentiers que les habitants du village s'empresseront de lui montrer, et qui, après quelques minutes d'une ascension rapide, le jetteront sur la grande route. De là au sommet du col, le trajet est facile : on y arrive même sans s'en apercevoir, tant la route offre de curiosités et d'accidents...

Selon Deluc, c'est par ce col qu'aurait passé Annibal pour entrer dans les Alpes, 217 ans avant Jésus-Christ, avec une armée de 32,000 hommes, 8,000 cavaliers, trente éléphants et d'immenses bagages. Cette opinion est contredite, il est vrai, par H. L. Long, qui prétend que le général carthaginois entra en Savoie par la vallée du Grésivaudan ; mais Polybe donne une description si exacte des lieux traversés par Annibal, qu'il est difficile de ne pas reconnaître qu'il est question du Mont-du-Chat. Il est reconnu du reste qu'une voie romaine, servant de communication entre la Gaule et l'Italie, passait autrefois au-dessus du manoir de Bordeau.

En creusant la nouvelle route, les ouvriers ont trouvé un grand nombre de médailles romaines et un tombeau en pierres dans lequel étaient un squelette et des médailles portant l'effigie de Constantin ; enfin, un Anglais découvrit au même lieu, il y a quelques années, l'inscription suivante qu'on voit dans la chapelle du Bourget :

MERCVRIO AVGVSTO SACRUM. T. TERENTIVS. CATVLVS
V. S. I. T.

Ce qui prouverait que Mercure avait un temple sur cette montagne.

Pour arriver à la *Dent du Chat*, c'est-à-dire à l'anfractuosité du rocher formant le pic le plus élevé, il faut quitter la grande route au sommet de laquelle on est arrivé, et suivre un sentier escarpé devenu assez difficile et dangereux depuis qu'un incendie a dévoré les arbres et les broussailles auxquels on pouvait se cramponner. Mais de quel tableau magique n'est-on pas récompensé lorsqu'on a gravi le dernier échelon de cette muraille de rochers !

Les points de vue les plus ravissants, les plus variés s'offrent tour-à-tour au regard du voyageur étonné. A l'est, l'œil embrasse tout le bassin de Chambéry et la chaîne alpestre et couverte de neige des montagnes du Grésivaudan. Au nord, au midi, partout, se déroulent comme un vaste panorama le cours sinueux du Rhône, les environs de Lyon, la Suisse, le Dauphiné ; et comme barrière à cet immense tableau dans lequel se trouvent confondus des villes, des fleuves, des coteaux, des vallées, on voit s'élever les immenses montagnes du Mont-Blanc, de Chamonix et vingt autres dont les sommets apparaissent comme autant de dômes parallèles à celui que l'on occupe.

Arrivons au nom singulier donné à cette montagne.

Suivant Foderé, cette montagne était infectée autrefois par une bête furieuse que l'on croit être un tigre, mais que le vulgaire appelait un chat sauvage. En ce temps là (au commencement du VI$^e$ siècle), Arthus, roi de la Grande-Bretagne, passant par ce pays, fut instamment prié par les habitants de leur donner quelques secours contre cet affreux animal. Ce prince leur laissa deux de ses plus vaillants capitaines, *Berius* et *Melianus*, qui étaient frères, et avec eux plusieurs hommes de leurs compagnies. Ces deux braves officiers reconnurent d'abord l'animal, et usant de stratagème, ils dressèrent une machine dans un endroit propice, et y attachèrent quelques agneaux dont les bêlements devaient attirer la bête carnassière. Eux-mêmes s'étaient fait construire des tentes à portée de la machine, afin d'être prêts à l'attaquer.

Ce qu'ils avaient prévu arriva : l'animal attiré

par les cris des agneaux s'approcha des innocentes bêtes, et pendant qu'il était occupé à les dévorer, ils l'assaillirent de tant de traits, qu'ils finirent par l'occir.

« Et par ainsi, continue le chroniqueur, le pays
« fut délivré d'une grande calamité et affliction ;
« et d'autant que le vulgaire estimoit que cest
« animal estoit un chat sauvage, le nom resta à
« ceste montagne de Mont-du-Chat.[1]

Cette histoire et cette étymologie sont vivement combattues par Rochex (livre III, page 41), qui prétend que le tout est une fable de l'invention du père Foderé et de Renerius, auquel ce dernier dit l'avoir empruntée.

« Si ceste montagne, dit-il, avoit tiré son origine
« d'un supposé chat, les anciens latinistes l'au-
« roient appelé *Mons Felis*, puisque *felis* est cet
« annimal qu'on appelle chat en latin, or aucun
« auteur n'en fait mention. »

---

[1] Il est bien à craindre que le digne Renerius n'ait induit en erreur son admirateur Foderé ; car le *Magasin pittoresque*, 3ᵉ année, p. 101, donne comme extrait d'un manuscrit existant à la Bibliothèque royale de Paris, l'histoire d'un chat parfaitement semblable à celle contenue dans la citation précédente, sauf que l'aventure eut lieu entre Langres et Autun, et qu'elle fut menée à fin par le roi Arthus lui-même, assisté des conseils et de l'aide du célèbre enchanteur Merlin. (Note extraite de l'ouvrage de M. T. Chapperon.)

Le même Rochex prétend à son tour que ce mont n'a pas eu d'autre nom dans les temps anciens que celui de *Caturigus*, sous lequel il est désigne par plusieurs écrivains : *Mons Caturigus*, du nom des premiers peuples appelés *Caturiges*, qui habitèrent la Savoie ; d'où il ajoute qu'on aura bien pu faire par la suite *Mont-du-Chat*.

Enfin, quelques étymologistes le font dériver de *catus*, *catulus*, qui veut dire chien, petit chien.

## LE BOURGET.

### CHATEAU DU COMTE - VERT.

(A une heure et demie d'Aix et pareille distance de Chambéry.)

Ce village et ce château sont situés au pied du Mont-du-Chat et sur les bords du lac. Le village est assez étendu, mais il n'a ni commerce, ni importance. Quelques historiens le croient très ancien, et les nombreux objets d'antiquité qu'on y découvre chaque jour sont faits pour confirmer dans cette opinion. On a réuni dans un caveau de l'église du Bourget quelques fragments d'antiques trouvés par hasard dans ses environs. Parmi les plus dignes d'intérêt, on y voit l'inscription votive qu'un Anglais trouva sur le Mont-du-Chat, et dont nous avons parlé plus haut, ainsi que divers bas-reliefs religieux. Il y a quelques années, des ouvriers creusant un fossé dans un jardin du Bourget, mirent à découvert un cercueil de briques revêtu d'un ciment très dur et dans lequel était un squelette. A côté du squelette on trouva une petite urne de verre mince et une coupe de cuivre en forme de coquillage. Dans l'urne étaient deux médailles portant l'empreinte et le millésime d'Antonin-le-Pieux.

L'ancien château du Bourget dit du *Comte-Vert* n'est plus qu'un amas de ruines dont l'antiquité seule fait tout le mérite. On reconnaît encore près de la porte d'entrée les supports d'un pont-levis, et autour de l'enceinte la trace d'anciens fossés.

L'architecture de ce château fait supposer qu'il a été bâti vers le XI$^e$ siècle. Il fut habité par les comtes de Savoie, et Amédée V, dit *le Comte-Vert*, y naquit le 2 septembre 1272. Dans la suite, ce prince le fit peindre par les premiers disciples du Giotto, l'un des restaurateurs de la peinture en Italie. On voit encore quelques-unes de ces peintures dans un cabinet; mais comme elles représentent des sujets érotiques tirés de la mythologie, des mains sévères les ont mutilées.

Grillet, dans son *Dictionnaire historique*, nous apprend que ce château cessa d'être la demeure des princes de la maison de Savoie lorsqu'Amédée V eut acheté le château de Chambéry pour y fixer sa résidence en 1288. Depuis cette époque, il fut possédé par divers feudataires, érigé en baronie, puis vendu à divers particuliers. Ses derniers propriétaires l'ont laissé tomber dans l'état où il se trouve; de grands arbres qui ont cru dans l'intérieur des appartements, font présumer qu'il est abandonné depuis plus d'un siècle. De cette vieille demeure des comtes de Savoie, il ne reste plus maintenant que quelques pans de muraille troués de larges fenêtres, dans lesquelles le vent s'engouffre et qu'il ne tardera pas de démolir.

## D'AIX A CHAMBÉRY

PAR LE VIVIER, SAINT-OMBRE, CANDIE ET LA CASSINE, ET VICE VERSA.

L'étranger qui a joui des beaux effets de lumière du soleil couchant et du magnifique panorama que l'on découvre des sommités de la colline de Tresserve, est loin de se douter qu'il lui reste encore d'autres tableaux à voir, des ombrages aussi frais sous lesquels il lui soit permis de trouver autant de charmes. Mais les pays montueux, coupés de vallées, ont cela de particulier que chaque pas varie les tableaux de leur nature accidentée, que chaque colline donne une direction nouvelle aux rayons de l'astre du jour, et produit de nouveaux et pittoresques effets.

Une promenade que l'on peut faire à âne ou à pied, est celle d'Aix à Chambéry par la route que nous allons décrire. Si le voyageur est amateur d'antiquités, il trouvera sur sa route une ample moisson d'objets romains et d'inscriptions; si la nature a seule des charmes pour lui, les frais ombrages de Candie et de la Cassine lui offriront quelques-unes de ces émotions douces, intimes, ineffables qu'on éprouve à se trouver seul avec la nature embellie de sa plus fraîche parure, à se croire perdu au milieu de ces labyrinthes d'acacias, de hautes herbes, de ruisseaux et de fleurs, à quelques pas de la ville; de la ville qu'on ne revoit plus qu'avec amertume, car elle ramène au positif de la vie, aux mensonges dorés de l'existence, telle que les hommes et la civilisation l'ont faite. Si l'on est à Tresserve, on peut se rendre directement au Viviers par des sentiers que les gens de campagne indiquent toujours avec beaucoup de plaisir. Différemment, on prend la route royale de Chambéry jusqu'au Viviers. Le village est peu considérable, mais il est très ancien; on y trouve, ainsi qu'à Voglans, situé sur le même coteau, des inscriptions et des restes de monuments romains en assez grand nombre. Dans le premier village on remarque un morceau d'entablement qui a dû appartenir à un grand édifice.

Au nord-ouest du Viviers, en se rapprochant de la montagne, se trouve aussi un village appelé *Drumettaz*, où l'on a découvert, en 1808 et 1809, un assez grand nombre de cercueils construits en pierres brutes, en forme de coffre et très près les uns des autres; la plupart contenaient des squelettes entiers et bien conservés. Tous ces vestiges d'un peuple qui avait poussé à un si haut degré de perfection le culte des beaux-arts, ne permettent point de douter qu'Aix et ses environs n'aient été habités par plusieurs Romains distingués.

A trois quarts d'heure de là est le village de *Saint-Ombre*, appelé aussi *Chambéry-le-Vieux*, où l'on soupçonne qu'il a existé une ville du nom de *Cimbronium*, ce qui la fait confondre par quelques auteurs avec le Chambéry actuel. Aucun monument ne venant corroborer cette opinion, il est possible, ainsi que le pense Rochex, que les seigneurs de Chambéry eussent autrefois un château dans ces parages et qu'il eût pris le nom de la cité. Ce château serait probablement celui que l'on voit au-dessous de celui de Candie, vers la route qui passe au pied de la colline. Le trajet qui reste à faire pour arriver à Candie est peu de chose, et les bois épais et touffus dans lesquels on va pénétrer, les magiques tableaux qui se déroulent de la terrasse du château, sont bien faits pour dédommager des sentiers assez mal entretenus qu'on a parcourus. Du sommet de ce belvéder on jouit en effet d'une de ces vues admirables qui se gravent dans le cœur et dans l'esprit, qui électrisent, et qui, par un suave effet de bien-être, font dire involontairement : *Bonum est hic esse.* Non-seulement la perspective embrasse une partie des paysages qu'on a vus à Aix, en les présentant sous des formes nouvelles et toujours admirables, mais elle s'étend encore dans le vaste bassin de Chambéry, d'où surgissent, au milieu d'une vallée enchantée, coupée de ruisseaux, de forêts, de hauts et verts peupliers, les villages de la Motte, de Bissy, les riants coteaux de Beauvoir, de Piochet et de Saint-Ombre. C'est sur le versant septentrional de Candie que commence ce bois de sapins que plusieurs auteurs ont décrit et sous l'ombrage desquels on se croirait au sein d'une forêt immense. La nature les a disposés de manière à donner cette illusion par des groupes d'arbres de la symétrie la plus variée et la plus pittoresque ; un ruisseau qui coule au fond d'un vallon et va former un petit étang, est le complément de ce site solitaire où la nature seule parle aux sens par la plus muette, mais aussi par la plus délicieuse éloquence.

A partir de ce point, on n'a presque plus qu'à descendre, et depuis *Caramagne*, jolie maison de campagne garnie d'un portique italien, la route offre plus d'uniformité. Cette descente a lieu, entre une rangée d'arbres en fleurs et d'acacias dont le parfum embaume, jusqu'à la *Cassine*, petit groupe de maisons placé comme un nid sur une couche de verdure, au pied duquel est le terme de cette longue course : Chambéry !

## CHATEAU DE LA MOTTE.

(A trois quarts d'heure de Chambéry et deux heures et demie d'Aix.)

Le château de M. le marquis Costa de Beauregard, à la Motte, fait un contraste frappant au milieu de tous ces châteaux démantelés ou en ruines dont nous venons d'entretenir le lecteur. C'est qu'entre l'époque à laquelle il fut construit et celle où ces vieilles demeures féodales, perchées comme des nids d'aigles sur le haut des rochers, semblaient défier la justice humaine de les atteindre, de nombreux siècles se sont écoulés.

Le château de M. Costa, véritable monument de ce qu'un goût moderne et éclairé peut élever de mieux en ce genre, est situé au milieu d'un parc très étendu dans lequel est réuni tout ce que l'art saurait ajouter à la nature. Frais gazons, bouquets d'arbres, jardins anglais, ruisseaux, tout concourt, par sa symétrie et sa distribution, à faire de ce lieu un véritable Eldorado. Le château qui s'élève dans le fond n'a ni tourelles, ni créneaux : si ses hôtes avaient à repousser quelque agression, ce ne pourrait être que les témoignages trop multipliés d'amour et de reconnaissance de toute une contrée dont ils se sont faits les bienfaiteurs.

On peut visiter en tout temps cette villa vraiment royale, et qui est à la fois la demeure d'un grand seigneur et d'un savant.[1] Nous laisserons à l'étranger tout le plaisir d'en analyser et admirer les détails.

---

[1] La famille de M. le marquis Costa est une des plus illustres et des plus anciennes de la Savoie. L'héritier actuel de son nom et de son immense fortune, est M. Léon Costa de Beauregard, auteur déjà fort distingué, et qui s'occupe en ce moment d'un ouvrage fort important sur les *Familles historiques de la Savoie*.

Tout près du château est une chapelle gothique que son genre d'architecture et quelques dégradations font supposer de prime abord devoir être très ancienne. Mais ces dégradations ainsi que son air de vétusté sont factices, cette chapelle ayant été construite en 1824, sur le plan et d'après les indications fournies par M. Costa lui-même.

Dans le même parc se trouvent encore deux établissements qui font honneur à la générosité de M. Costa et qui rendent son nom bien cher à l'humanité. L'un est une école primaire pour les filles, l'autre est un hospice où les malades indigents de la paroisse sont traités gratis et visités par un médecin de Chambéry.

Nous ne saurions terminer cet article sans dire un mot du pensionnat que les Frères des Ecoles chrétiennes dirigent à la Motte-Servolex. Fondé sous les auspices et grâce au zèle éclairé de M. le marquis Costa, cet établissement qui compte à peine deux années d'existence, a déjà vu le nombre de ses élèves dépasser le chiffre de 130. On y enseigne tous les éléments nécessaires pour produire des sujets capables, aptes au commerce, aux arts et à l'industrie; c'est à cette spécialité sans doute qui manquait à Chambéry, autant qu'au mérite de ses directeurs, que cette institution naissante doit ses prompts succès.

## LA GROTTE DE BANGES.

( A quatre heures d'Aix. )

Tout éloignée qu'est cette grotte, les baigneurs d'Aix ont coutume d'y faire un pèlerinage; nous allons les y accompagner pour leur montrer ce qu'elle a de remarquable et d'intéressant.

A peu de distance de la cascade de Grésy, on prend le chemin qui mène au village de ce nom et où existe une vieille tour. La vallée que l'on traverse ensuite est un défilé spacieux ayant pour parois, à l'ouest, la montagne de Banges, et à l'est, l'extrémité sud-est du Semnoz. Ce défilé est le seul point d'intersection qui scinde la chaîne de montagnes entre Chambéry et Annecy. Il est divisé par le Chéran, torrent qui depuis Allèves jusqu'à son embouchure dans le Rhône, roule des paillettes d'or que les habitants des communes voisines ramassent avec soin.

M. de Verneilh, dans sa *Statistique du Mont-Blanc*, et Mgr Rendu, dans ses *Aperçus géologiques sur le bassin de Chambéry*, attribuent ce phénomène à la présence des couches de quartz qui, d'Allèves à Rumilly, forment en beaucoup d'endroits le lit du Chéran, et qu'on ne rencontrerait pas dans les Bauges, où il prend sa source.

Le nom d'Allèves est lui-même un sujet de contestation parmi les érudits. Les uns le font dériver de *ad Lœvam*, parce qu'il est à la gauche du voyageur qui se rend dans les Bauges; d'autres, de deux mots celtiques qui signifient *haut pays* (*all*, haut; *elba* ou *elva*, pays). Quant à l'étymologie du mot Banges, c'est un terme teutonique qui signifie *rivage*.

En traversant la montagne de Cusy, sur la rive gauche du Chéran, le voyageur est frappé de l'aspect d'un puits tracé au milieu du chemin, et dont la forme, indiquée par une ceinture de grosses pierres, est parfaitement reconnaissable malgré le passage des siècles et des hommes sur son orifice comblé. Le peuple le nomme le *Puits des Pestiférés*, et la tradition rapporte qu'il fut creusé par les habitants de Cusy, qui, durant la peste noire de 1401, d'autres disent l'épidémie de 1628, vinrent y inhumer leurs morts.

Passons le gouffre sur lequel un pont est jeté, et nous voilà sur les *Gorges d'enfer*, où le Chéran bondit comme un des fleuves d'Ossian. Un peu plus loin se dessine le château de Mont-Falcon du Cengle ou *Tour du Fanal*, situé sur l'escarpement vertical d'un rocher qui fait saillie sur le mont

Semnoz. Cette tour était un de ces points de la ligne télégraphique établie par la féodalité, dont nous avons parlé si souvent, et qui servait, au moyen des feux allumés à leur sommet dans le sein des nuits, à avertir les châteaux voisins de se mettre sous les armes. Enfin, à une centaine de mètres de ce château, apparait la grotte qui présente deux entrées. L'une offre un vaste vestibule qu'on dirait taillé tant il est poli et ceintré, mais la galerie qui lui correspond est basse et mesquine; l'ouverture de l'autre, située à 80 mètres de distance, est plus modeste, mais la galerie où elle conduit, conserve plus longtems la réflexion de la lumière : toutes deux se réunissent pour ne former plus loin qu'une seule et immense galerie. C'est sous cette galerie que le voyageur doit s'aventurer, un bâton d'une main et un flambeau de l'autre, s'il veut parcourir la grotte dans tous ses détails. On parcourt d'abord une pente douce sur un grès gypseux et humide quelquefois; d'étroits ruisseaux la sillonnent et vont se réunir dans quelques bassins dont le trop plein forme de nouvelles rigoles qui vont se jeter dans le lac qui est au fond. A la voûte de la grotte et à ses parois pendent des stalactites blanches qui affectent les formes les plus bizarres. A droite et à gauche, vous laissez des galeries qui s'enfoncent dans les flancs de la montagne, et dont les avenues difficiles ou les stalactites trop pressées empêchent de sonder la profondeur. Enfin, le lac apparait, et pour nous servir de l'expression de M. Benedict Truffey, à qui nous devons une grande partie de ces détails : « Le lac « est vraiment la merveille de la grotte, comme « la grotte est la merveille d'Allèves. »

Sa surface a une circonférence d'une centaine de mètres, non comprise la partie vers le nord-est, où il n'a jamais été exploré, et il occupe une salle dont la voûte n'a pas moins de 10 à 12 mètres d'élévation.

Un bateau sillonnait autrefois le lac et permettait aux aventuriers de se risquer sur les eaux ; mais aujourd'hui, si l'on veut visiter le lac soi-même, on confie ce soin à des flambeaux qu'on fixe sur des planchettes et que l'on envoie à la découverte au moyen de bâtons qui les poussent en avant. De cette manière on en aperçoit assez bien les contours.

Quant aux dimensions de cette grotte, une des plus considérables de celles qui existent en Savoie, les voici telles que nous les avons prises sur les lieux.

La largeur moyenne de la galerie est de 6 mètres,

et sa hauteur moyenne de 2 mètres et demi. L'inclinaison du sol est en moyenne de 17 degrés. Sa longueur jusqu'au bord du lac est d'environ 243 mètres ; le niveau du lac est à plus de 66 mètres au-dessus du niveau de l'entrée de la grotte.

La température ordinaire au fond de la grotte est à peu près la même que celle du caveau de l'Observatoire de Paris, c'est-à-dire de neuf degrés et demi centigrades.

A 6,000 mètres au midi, l'eau du lac va se jeter dans le Chéran, près du *Pont de l'eau-morte*.

Pendant la révolution de 1792, la grotte de Banges servit de retraite à de pieux ecclésiastiques, qui trouvèrent sous ses voûtes un asile où célébrer les mystères d'une religion persécutée.

Quelques étrangers, avant de quitter la grotte, s'amusent à y décharger des armes à feu. Le bruit qu'elles produisent est inouï et formidable : il agite la surface des eaux du lac et ébranle le roc que l'on croit voir tomber sur sa tête. Une pareille détonation faite, il y a quelques années, à l'insu de plusieurs personnes qui visitaient la grotte, faillit compromettre leur vie par suite de la peur qu'elle avait causée.

## CESSENS.

Puisque nous avons parlé de la grotte de Banges, nous ne terminerons pas sans dire quelques mots de l'ancienne tour et du château de Cessens, situés dans la direction nord, à trois lieues environ d'Aix, sur la crête de la montagne, entre la route de Genève et l'extrémité du lac du Bourget.

Le comte Amé V, dit le *Grand*, s'empara, en 1287, du château de *Cessins* (Cessens), qui appartenait alors au comte Amé II de Genève; mais il le rendit à ce dernier.

La tour, qui a survécu aux révolutions de la diplomatie et des siècles, présente un coup-d'œil fantastique, quand, au lever du soleil, elle est contemplée des coteaux de Pollieux (Ain), où elle projette son ombre semblable à celle d'un énorme obélisque. Le soir, elle ressemble à un fantôme de fée qui dessine ses contours sur les collines de la Biolle et d'Albens qu'elle intimidait jadis. Le château rampe et s'efface sur le roc le plus élevé; mais la tour, quoique sur une base inférieure, s'élance et se détache dans l'azur. Cette tour qui, de loin, paraît parfaitement ronde, n'a que la moitié de son diamètre, la moitié occidentale a été démolie, avec une régularité barbare, dans toute sa hauteur, qui est de 24 mètres.

Du pied de ces hauteurs, l'œil se promène en liberté sur le Rhône, le lac du Bourget, le Val-Romey, le bassin de Rumilly et les grandes Alpes. ( *All*. B. T. )

M. Richard prétend que c'est à Cessens que Jean-Jacques Rousseau écrivit sa belle page sur le lever du soleil : « On le voit s'annoncer de loin par les « traits de feu qu'il lance au-devant de lui..... » Ce qui est certain, c'est qu'il aurait pu l'écrire, tant le panorama que l'on découvre de Cessens offre de magie et de tableaux divers.

---

Ici se termine ma tâche de cicerone et d'historien ; j'aurais pu la rendre plus étendue en narrant un plus grand nombre de chroniques et en élargissant mon cadre ; mais je me suis rappelé qu'il ne s'agissait ici que d'un ouvrage dont la brièveté et la concision feraient le principal mérite. J'ai voulu en faire un livre de poche que sa forme et son bon marché missent à la portée de tout le monde.

L'étranger et le savant y trouveront un guide

sûr et véridique dans leurs pérégrinations ou leurs recherches, et l'habitant modeste pourra y puiser, à peu de frais, quelques notions sur l'histoire de son pays, celle de toutes les histoires, a dit M. le chanoine Chuit dans son excellente Notice historique sur les Allobroges, que l'on devrait apprendre la première et qu'on ne sait pas ordinairement le mieux.

# APPENDICE.

## INDICATIONS UTILES A L'ÉTRANGER
### DANS CHAMBÉRY.

### BUREAUX DES PASSEPORTS.

Tout étranger, à son arrivée en Savoie, est tenu de remettre son passeport au maître de l'hôtel où il est logé. Chaque passeport doit être visé pour sortir des états sardes; le droit du visa est de 4 francs pour les propriétaires et négociants, et de 2 francs pour les ouvriers.

Les visa du gouvernement se donnent :

A Chambéry, aux bureaux du gouvernement, situés dans l'intérieur du château, vis-à-vis la chapelle, de 8 heures $\frac{1}{2}$ du matin à midi, et de 3 à 5 heures du soir;

A Aix (par exception), au bureau du commissaire de police, situé sur la place.

Pour les voitures en poste, les visa se délivrent à toute heure du jour et de la nuit.

En sus de ce visa, les passeports doivent encore recevoir celui du commissaire de police, qui est gratuit.

## POSTE AUX LETTRES.

### ARRIVÉE ET DÉPART DES COURRIERS.

Pour le Piémont, l'Italie, la Turquie, l'Autriche, la Russie et les autres états du Nord :

ARRIVÉE. — Tous les jours, de 4 à 5 heures du soir.
DÉPART. — Tous les jours, à 11 heures du soir.

Pour Genève et les Cantons suisses, le Valais excepté :

ARRIVÉE. — Tous les jours, de 6 à 7 heures du soir.
DÉPART. — Tous les jours, à 11 heures du soir.

Pour la France, l'Angleterre, la Hollande, l'Espagne, le Portugal, les Colonies :

ARRIVÉE. — Tous les jours, à 10 heures du soir.
DÉPART. — Tous les jours, à 8 heures $\frac{1}{2}$ du soir.

Les provinces de la Savoie qui se trouvent placées sur la route des courriers de grande ligne sont desservies par eux. Quant aux petites villes, bourgs et villages de l'intérieur de la Savoie, des services particuliers en assurent les correspondances de la manière la plus exacte et la plus prompte.

## DISTRIBUTION DES LETTRES

### ET AFFRANCHISSEMENT.

Les heures de l'ouverture du bureau de distribution sont : — en ÉTÉ, de 8 heures du matin à midi, et de 5 à 7 heures du soir ; — en HIVER, de 9 heures du matin à midi, et de 5 à 7 heures du soir.

La dernière levée de la boîte a lieu toute l'année à 7 heures du soir.

L'affranchissement forcé jusqu'à la frontière est obligatoire pour toutes les directions étrangères, à l'exception de la France, des Cantons de Vaud, Neuchâtel, Valais, Genève, Tésin et l'Autriche.

On peut affranchir à destination pour la France et les Cantons suisses de Genève, Vaud, Valais, Neuchâtel, Tésin ; le duché de Modène, Florence et l'Autriche.

*Nota.* — Les jours de dimanche, les fêtes de l'Ascension, Fête-Dieu, de la Nativité de Notre-Dame et de Noël, le bureau de distribution et d'affranchissement est fermé, et les lettres jetées à la boîte ces jours-là ne partent que par le courrier suivant ; encore n'est-il donné cours qu'aux lettres prises la veille dans la boîte et à celles en transit.

## BUREAUX DES VOITURES.

DÉPARTS TOUS LES JOURS ET AUX HEURES SUIVANTES :

### De Chambéry à Lyon.

*Minuit* en ÉTÉ et *3 heures du matin* en HIVER. — Bureau chez M. G$^{me}$ Besuchet, place du Théâtre.

*5 heures du matin.* — Bureau chez M. Longue, commissionnaire, derrière le Théâtre.

(Cette voiture passe par le Mont-du-Chat et Belley, et fait le trajet en 14 heures.)

*Midi.* — Bureau chez M. Geoffroy, faub. Montmélian.

(Cette voiture passe par les Echelles, le Pont-Beauvoisin, Bourgoin, et fait le trajet en 18 heures.)

*8 heures $\frac{1}{2}$ du soir.* — Bureau chez M. Ravet, directeur du courrier, faubourg Montmélian.

(Cette voiture passe par le Pont-Beauvoisin et Morestel, et fait le trajet dans le même laps de temps que la précédente. C'est elle qui porte les dépêches pour la France jusqu'au Pont.)

Le prix des places de Chambéry à Lyon est le même pour tous les services ci-dessus, quand il n'y a pas concurrence.

   Places de coupé.... 14 fr.
   Intérieur.......... 12
   Rotonde .......... 10

Les enfants au-dessus de sept ans paient rigoureusement demi-place.

Les années précédentes il existait une compagnie de bateaux à vapeur qui, pendant l'été et trois fois par semaine seulement (le surplus était une exception) faisait le service de Lyon au Bourget. — Les principaux ports de départ et d'abordage étaient : Lyon, Lagneux, Cordon, le Saut, et Pierre-Châtel pour Belley ; — Seyssel, Port-de-Puer, pour Aix-les-Bains ; — le Bourget pour Chambéry, par le chemin de fer.

Mais depuis la suppression du chemin de fer, l'entreprise de ce service, que la navigation du Rhône supérieur rendait du reste très difficile, a cessé.

Pendant la saison des eaux, ces bateaux faisaient le dimanche, sur le lac du Bourget, quelques promenades dont le but était Hautecombe, et auxquelles l'élite de la société d'Aix et de Chambéry aimait à se donner rendez-vous.

### De Chambéry à Turin.

COURRIER DES DÉPÊCHES.

*11 heures du soir.* — Bureau chez M. Ravet, faubourg Montmélian.

DILIGENCE ET FOURGON DE MM. BONAFOUS.

*Une heure après midi,* par la diligence, et à *4 heures* par le fourgon, avec lequel elle alterne. — Bureau chez M. Besuchet, place du Théâtre.

Le trajet de Chambéry à Turin se fait en 24 heures par le courrier et la diligence, et en 26 heures par le fourgon.

Le prix des places est de 60 francs pour le courrier, et de 50, 47 et 45 francs pour la diligence et le fourgon.

Indépendamment de ces services en poste et de premier ordre, il en est plusieurs autres d'irréguliers et d'occasion. C'est ainsi que dans les petits hôtels du faubourg Montmélian on est sujet à rencontrer souvent des voiturins qui, pour 30 à 40 francs (la nourriture comprise), s'offrent de vous rendre à Turin. Ces voiturins couchent en route, et demeurent ordinairement trois ou quatre jours pour faire le trajet.

## De Chambéry à Genève

PAR AIX ET ANNECY.

*6 heures du matin* en été, *11 heures du soir* en hiver. — Bureau chez M. Besuchet, vis-à-vis le Théâtre.

*2 heures de l'après-midi.* — Bureau chez M. Longue, derrière le Théâtre. (Cette voiture couche à Annecy.)

*Prix des Places :*

Pour Genève : Coupé, 15 fr. — Intérieur, 11 fr. 50
Pour Annecy      id.      7    —    id.       5   75
Pour Aix-les-Bains................... 1   50

Pendant la saison des eaux, un omnibus fait régulièrement le trajet de Chambéry à Aix et d'Aix à Chambéry, deux fois par jour.

Le premier départ a lieu :

De Chambéry, à 7 heures du matin.
D'Aix,           à 5 heures du matin.

Le deuxième départ a lieu :

De Chambéry, à 5 heures du soir.
D'Aix,           à 11 heures du matin.

Ces heures de départ sont susceptibles d'être changées chaque année. — Le prix des places est de 1 fr. 25.

Outre ce service, on trouve presque toujours, et à toutes les heures, des voitures particulières qui vont à Aix et à Annecy ; elles stationnent ordinairement sur le quai Nezin, devant les hôtels de l'Ecu-de-France et de Savoie.

### De Chambéry à Grenoble.

*8 heures du matin*, par Chapareillan. — Bureau chez Mme veuve Boisson, faubourg Montmélian.

*7 heures du matin*, par les Echelles et Voiron. — Bureau chez M. Ch. Longue, derrière le Théâtre.

*7 à 8 heures du matin*, par Chapareillan (tous les deux jours). — Milliet, faubourg Montmélian.

La durée du trajet de ces voitures est de huit heures.

Prix des places :  Coupé....... 6 fr. 75
Intérieur .... 5    75
Rotonde ..... 4    75

### De Chambéry à Moûtiers

PAR ALBERTVILLE.

(Départ tous les jours, le dimanche excepté.)

*4 heures du matin*. — Bureau chez Mme veuve Boisson, faubourg Montmélian.

Prix des places : 6 et 5 francs.

### De Chambéry à St-Jean-de-Maurienne.

*4 heures du matin*. — Bureau chez Mme veuve Boisson.
Prix des places : Coupé, 6 fr. ; — Intérieur, 5 fr.

## COMMISSIONNAIRES - CHARGEURS.

### ROULAGE POUR TOUS PAYS.

MM. G^{me} Besuchet, vis-à-vis le Théâtre.
Ch. Longue, derrière le Théâtre.
Duclos et C^{ie}, place Octogone.
Veuve Boisson et fils, faubourg Montmélian.
Curtelin aîné et C^{e},     id.
Vuagnat père et fils, sur les Boulevards.

## LOCATIS, VOITURES A VOLONTÉ.

On trouve des chars de côté, qui partent à toutes les heures, chez les loueurs suivants :

Petit, aubergiste, faubourg Montmélian.
Loguet,   id.         id.
Berger, charron,      id.
Desbroux, id.        id.
Brémond, id.         id.
Henry, hôtel des Trois-Rois, id.
Giraud,                id.
Guerraz, forgeron,    id.
St-Martin, rue De-Boigne.
Platier, aubergiste, rue des Prisons.
Etienne Julian, id. rue du Collége.
Pierre, Porte-Reine.
Gaspard, aubergiste, en face de la Douane.

Le prix d'un char avec son cheval, sans conducteur, est ordinairement de 5 fr. par jour, nourriture du cheval à part.

## DOUANEMENT ET DÉDOUANEMENT.

Les bureaux de la Douane sont situés au Verney. Ils sont ouverts tous les jours, dimanches et fêtes exceptés, dès huit heures du matin jusqu'à quatre heures du soir.

## BANQUIERS.

### COMPTOIRS D'ESCOMPTE ET DE RECOUVREMENTS.

MM. Pithon, rue du Collége.
Alfred Crusillat, place St-Léger.
André Regaud, rue de la Métropole.

## ÉTABLISSEMENT DE BAINS

Situé à Sainte-Claire, chez M. Chauvet. — Ces bains sont ouverts à toutes les heures du jour.

Le prix de l'abonnement pour douze bains est de 10 fr. Pour six, 5 fr. 50. — Pour chaque bain pris isolément, 1 fr. 25.

## PRINCIPAUX HOTELS.

Hôtel de la Poste, faub. Montmélian, tenu par Folliet.
— de l'Europe,            —            — Ferrolliet.
— du Petit-Paris,         —            — vᵉ Longue.
— d'Italie, place de la Métropole,     — Friol fils.
— des Princes, rue De-Boigne,          — Fleury.
— de l'Ecu-de-France, quai Nezin,      — Chiron.

Tous ces hôtels sont de premier ordre et bien tenus ; ils ont pour la plupart des tables d'hôte. — L'hôtel de l'Europe notamment, vient de recevoir des agrandissements et de subir des réparations qui le complètent de la manière la plus avantageuse.

### HOTELS SECONDAIRES.

Hôtel de la Croix-d'Or, rue Croix-d'Or, tenu par Droguet.
- des Trois-Rois, faub. Montmélian, — Henry.
- de la Couronne, — — Routin.
- de Provence, — — Petit.
- du Petit-St-Bernard, — — Pacquet.
- de Savoie, quai Nezin, — Richard.
- de Genève, au Reclus, — Rey.
- du Mont-Blanc, faub. Montmélian, — Desgeorge
- de la Garde-de-Dieu, au Reclus, — Chabert.

### PRINCIPAUX TRAITEURS.

Chevallier, rue de l'Octogone.

Guillermin, rue du Château.

Mathieu, place St-Léger.

Bertrand, rue Vieille-Monnaie (hôtel du Commerce).

### PRINCIPAUX CAFÉS.

Grand-Café, place Saint-Léger, tenu par Girod.
Café de la Place, — — Bauchiero.
- du Théâtre, — — Comoz.
- de la Colonne, rue De-Boigne, — Pollet.
- de l'Octogone, place Octogone, — Pache.
- du Commerce, sous les Portiques, — Barandier.

# INDICATIONS UTILES AUX ÉTRANGERS

## A AIX-LES-BAINS.

## TARIF DES DOUCHES, VAPEURS ET BAINS.

### Division des Princes.

(Comprenant les trois douches des Princes et les trois cabinets du centre destinés aux femmes.)

| | | |
|---|---|---|
| Douche avec doucheurs et porteurs ........ | 2 | » |
| Douche avec doucheurs sans port.......... | 1 | 60 |
| Douche avec porteurs sans doucheurs....... | 1 | 60 |
| Douche sans doucheurs ni porteurs......... | 1 | 15 |

### Division des Thermes Albertins.

(Comprenant les deux Piscines et le Vaporarium.)

| | | |
|---|---|---|
| Douche avec doucheurs et porteurs......... | 1 | 80 |
| Douche avec doucheurs sans port .......... | 1 | » |
| Douche avec port sans doucheurs .......... | 1 | 40 |
| Douche sans doucheurs ni port............ | » | 95 |

*Division centrale et d'Enfer.*

(Comprenant les trois cabinets du centre destinés aux hommes, et tout le quartier d'Enfer, excepté la douche neuve.)

| | | |
|---|---|---|
| Douche avec doucheurs et porteurs......... | 1 | 50 |
| Douche avec doucheurs sans port.......... | 1 | 40 |
| Douche avec port sans doucheurs.......... | 1 | 40 |
| Douche sans doucheurs ni port............ | » | 65 |

### *Vapeurs.*

| | | |
|---|---|---|
| Vapeur sans port...................... | 1 | » |
| Vapeur et port ....................... | 1 | 45 |

### *Bains de piscine.*

| | | |
|---|---|---|
| Bain sans linge....................... | 1 | » |
| Bain et linge......................... | 1 | 25 |
| Bain et port sans linge.................. | 1 | 45 |
| Bain avec port et linge.................. | 1 | 70 |

### *Bains tempérés.*

| | | |
|---|---|---|
| Bain sans linge....................... | 1 | » |
| Bain et linge......................... | 1 | 25 |
| Bain et port sans linge.................. | 1 | 45 |
| Bain avec port et linge.................. | 1 | 70 |
| Douche ascendante .................... | » | 40 |

### *Thermes Berthollet.*

| | | |
|---|---|---|
| Vapeur sans port...................... | 1 | » |
| Vapeur avec port ..................... | 1 | 45 |
| Bain et douche pour un cheval ........... | » | 25 |

### SERVICE DES PAUVRES ÉTRANGERS.

Les étrangers dénués de ressources sont admis à prendre les bains, douches et vapeurs aux prix suivants, pourvu qu'ils remplissent les conditions ci-après :

1° Ils devront être porteurs d'un certificat de bonne vie et mœurs, accompagné de leur signalement exact, délivré par les magistrats de leurs pays. Ce certificat doit constater leur état d'indigence et être visé par le consul sarde, dont ressortira le domicile du malade.

2° A son arrivée à Aix, le malade étranger devra consigner, entre les mains du caissier des Bains, la somme de *trente francs* destinée à ses frais de séjour.

#### *Divisions des Princes.*

| | | |
|---|---:|---:|
| Douche avec doucheurs et porteurs......... | 1 | » |
| Douche avec doucheurs sans port .......... | » | 80 |
| Douche avec port sans doucheurs .......... | » | 80 |
| Douche sans doucheurs ni port............. | » | 60 |

#### *Division des Thermes Albertins.*

| | | |
|---|---:|---:|
| Douche avec doucheurs et porteurs......... | » | 90 |
| Douche avec doucheurs sans port........... | » | 70 |
| Douche avec port sans doucheurs .......... | » | 70 |
| Douche sans doucheurs ni port ............ | » | 50 |

#### *Division centrale et d'Enfer.*

| | | |
|---|---:|---:|
| Douche avec doucheurs et porteurs........ | » | 75 |
| Douche avec doucheurs sans port .......... | » | 55 |
| Douche avec port sans doucheurs .......... | » | 55 |
| Douche sans doucheurs ni port ............ | » | 55 |

### Vapeur.

| | | |
|---|---|---|
| Vapeur et port............................ | » | 50 |
| Vapeur sans port......................... | » | 75 |

### Bains de piscine.

| | | |
|---|---|---|
| Bain sans linge .......................... | » | 50 |
| Bain et linge ............................. | » | 65 |
| Bain et port sans linge ................... | » | 75 |
| Bain avec port et linge................... | » | 85 |

### Bains tempérés.

| | | |
|---|---|---|
| Bain sans linge .......................... | » | 50 |
| Bain et linge ............................. | » | 65 |
| Bain et port sans linge ................... | » | 75 |
| Bain avec port et linge................... | » | 85 |
| Douche ascendante ...................... | » | 20 |

### Thermes Berthollet.

| | | |
|---|---|---|
| Vapeur sans port......................... | » | 50 |
| Vapeur avec port ........................ | » | 75 |

### Grand Bassin.

| | | |
|---|---|---|
| Piscine ................................... | » | 65 |
| Bain et douche pour cheval............... | » | 25 |

EXEMPTION DES DROITS DE L'ÉTABLISSEMENT.

Sont exceptés des droits revenant à l'établissement des eaux : Les habitants d'Aix, les religieux de divers ordres, les carabiniers royaux, sergents, caporaux et soldats;

les ouvriers des mines, préposés des gabelles royales, gardes-forestiers, cantonniers des routes royales et provinciales des Etats.

### SERVICE GRATUIT.

Tous les malades indigents du royaume ont droit à l'usage gratuit des eaux, pourvu qu'ils soient porteurs d'un certificat de bonnes vie et mœurs, visé par l'intendant de la province qu'ils habitent, et approuvé par l'intendant-général de la Savoie.

Ils doivent en outre déposer, entre les mains du caissier des bains, la somme de *trente francs*, reconnue indispensable pour faire face aux dépenses de logement et de nourriture.

*Nota*. — Le *Sécheur* seul est à la charge du malade; car, bien qu'agréé de l'établissement, il relève directement du maître d'hôtel.

Ses fonctions consistent à accompagner le malade aux bains, à le pourvoir de billets et à l'entourer de tous les soins domestiques que nécessite l'usage des eaux. Son salaire se traite de gré à gré; il est ordinairement de 75 centimes à un franc par jour.

### OUVERTURE ET FERMETURE DES BAINS.

L'ouverture des bains varie suivant la quantité des malades. A l'époque de leur plus grande affluence, le service commence à deux heures du matin, et souvent ne se termine qu'à neuf et dix heures du soir; mais dans tout autre temps, il commence à l'aube du jour, et les bâtiments sont fermés à la nuit tombante.

Du reste, les heures d'ouverture et de clôture sont indiquées sur un règlement affiché, en forme de tableau, à la porte de l'établissement.

## CERCLE D'AIX.

### PRIX DE L'ABONNEMENT.

| | |
|---|---|
| Un homme.................................... | 20 |
| Une dame..................................... | 10 |
| Une mère et sa fille non mariée............... | 15 |
| Une deuxième demoiselle, et un plus grand nombre, pour chacune........................... | 4 |
| Un père et son fils............................ | 30 |
| Un deuxième fils, et un plus grand nombre, pour chacun....................................... | 5 |

Les enfants au-dessous de 10 ans présentés par leurs parents, ne paient point.

## MÉDECINS D'AIX

### PENDANT LA SAISON DES EAUX.

| MM. | MM. |
|---|---|
| Despine père, méd. direct. | Veyrat. |
| Vidal père. | Blanc. |
| Forestier. | Bertier |
| Dardel. | Vidal fils. |
| Despine fils. | Guilland. |
| Davat. | Forestier fils. |

## PHARMACIES.

MM. Bocquin, sur la place.
Pichon, rue des Bains.
Sœurs de Saint-Joseph, à l'hospice.

## BANQUE ET RECOUVREMENT.

M. Domenget, sur la place.

## CABINET DE LECTURE, PAPETERIE ET LIBRAIRIE.
### BUREAU DE RENSEIGNEMENTS.

M. Henri Bolliet, 2$^{me}$ hôtel Guilland, sur la place.

## LEVÉE DE LA BOITE AUX LETTRES.

Pour la France, l'Italie et l'Angleterre, à 4 h. du soir.
Pour la Suisse et l'Allemagne, à 6 heures du soir.
*Nota.* — Voir les restrictions relatives à l'affranchissement et au départ des lettres le dimanche, qui sont communes à Aix et à Chambéry.

## VOITURES POUR LYON.

Le *Courrier d'Italie*, départ à 6 heures du soir.
Bureau, chez Henri Bolliet, libraire, sur la place.
La *Coureuse*, départ à 4 heures du matin.
Bureau, chez Bergerat, sur la place.
*Messagerie du Commerce*, départ à 7 heures du matin.
Bureau, chez J. Pagès, sur la place.

## VOITURES POUR GRENOBLE.

*Diligence d'Arragon fils*, départ à 5 heures du matin.

Bureau, chez Henri Bolliet, libraire, sur la place.

Cette voiture passe aux Echelles et à Saint-Laurent-du-Pont (au pied de la Grande-Chartreuse.)

*Diligence de Charvet et Ravix*, départ à 5 heures du matin.

Cette voiture passe par Chapareillan et le Thouvet.

Bureau chez J. Pagès, sur la place.

## VOITURE POUR GENÈVE

Départ à 7 heures et $\frac{1}{2}$ du matin. (Hôtel Guilland.)

## VOITURE POUR ANNECY
### CORRESPONDANT AVEC GENÈVE.

Départ à 4 heures et $\frac{1}{2}$ du soir. (Hôtel Guilland.)

## OMNIBUS D'AIX A CHAMBÉRY.

1$^{er}$ Départ à 5 heures du matin.
2$^{me}$ Départ à 11 heures du matin.

Bureau, chez J. Pagès, sur la place.

## POSTE AUX CHEVAUX.

Chez MM. Guilland frères, sur la place.
Il y a toujours 25 chevaux dans leurs écuries.

## CHEVAUX, CHARS, VOITURES

POUR LA PROMENADE ET LE VOYAGE.

Chez MM. Guilland frères, hôtel de la Poste.
   Hôtel Venat.
   Louis Durand, voiturier.
   Etienne Perrière, id.
   François Rabut, id.
   Martin, id.
   André Fontaine, id.
   Noël Clerc, id.
   Angelier, id.
   Benoît, id.
   François Murguet, id.

## HOTELS TENANT TABLE D'HOTE.

MM. Guilland frères, hôtel de la Poste.
  Venat, avec jardin.
  Gaillard, hôtel de Savoie.
  Prunier, hôtel de la Couronne.
  Renaud, hôtel du Parc.
  Bocquin, hôtel de l'Ecu de Savoie.
  Lacroix, hôtel de l'Ecu de France.
  Suret, hôtel de l'Ecu de Genève.
  Massonat, hôtel du Mont-Blanc.
  Durand veuve, hôtel de la Belle-Etoile.
  Monachon, hôtel de l'Union.

## MAISONS TENANT TABLE D'HOTE

pendant l'été seulement.

MM. Charpentier, Arc de Campanus.
Perrier Charles, Bains romains.
Excoffier, place du Marché.
Bossut, rue des Moulins.
Folliet, id.
Gâche, id.
Bocquin, id.
Perret Julie, sur la place.
Ailloud, près des Bains.
Lacroix, près des Bains.
Elme, id.
Exertier, rue des Bains.
Dussuel, près des Bains.
Buisson, rue de Chambéry.
Thevenon, id.
Ivrard, rue des Bains.
Gorjux, haut de la ville.

## MAISONS GARNIES SEULEMENT.

| MM. | MM. |
| --- | --- |
| Veyrat, docteur-médecin. | Cochet Joseph. |
| De Rochette. | Cochet veuve. |
| Marçot. | Ivroud Claude. |
| Duverney neveu. | Ivroud Thomas. |
| Forestier notaire. | Bimet veuve. |

Dégaillon veuve.
Dégaillon, receveur.
Chapelain.
Bovagnet François.
Bolliet frères.
Domenget Joseph.
Duverney veuve.
Forestier, médecin.
Domenget Ernest.
Dronchat, notaire.
Delabaye.
Gaillard veuve.
Duvernay oncle.
Vidal François.
Rivollier Jean.
Rivollier Claude.
Bonnet Etienne.
Lacroix Joseph.
Duvernay, confiseur.

Bimet Antoine.
Blanc, docteur-médecin.
Bertier,     id.
Vidal,      id.
Bertier père, insinuateur.
Mathiez Victor.
Garin Etienne.
Nicollet veuve.
Bocquin Gabriel.
Perret, cafetier.
Perret Jeannette.
Gaillard Thérèse.
Michaud.
Dubuisson.
Roissard veuve.
Richon Etienne.
Monnet Joseph.
Vignet frères.

## PRINCIPAUX MARCHANDS DE CHAMBÉRY

QUI OUVRENT DES MAGASINS A AIX PENDANT LA SAISON DES BAINS.

M$^{me}$ Bosqui. (Nouveautés, ganterie, articles anglais.)

M. Dupasquier. (Soieries, nouveautés, articles anglais.)

M$^{lles}$ Routin. (Mercerie, quincaillerie, cabinet de lecture.)

M. Dussaussoi. (Bijouterie, quincaillerie et change de monnaies.)

## BUREAU DU COMMISSAIRE DE POLICE

### ET DES PASSEPORTS.

M. N..., sur la place.

### TIR AU PISTOLET.

M. Collombert, derrière le café Massonat.

# TABLE DES MATIÈRES

### PAR ORDRE ALPHABÉTIQUE.

| | |
|---|---|
| Abîmes de Myans | 220 |
| Aix-les-Bains | 260 |
| Aix (d') à Chambéry par le Vivier, Saint-Ombre, Candie et la Cassine, et *vice-versa* | 294 |
| Aperçu historique sur les Allobroges savoisiens, etc. | 7 |
| Appendice. — Indications utiles à l'étranger | 309 |
| Arc de Campanus | 262 |
| Avant-Propos | 1 |
| Bains romains | 262 |
| Banque et recouvrements | 325 |
| Banquiers | 317 |
| Betton. — Hospice d'aliénés | 124 |
| Bibliothèque | 188 |
| Bois Martinel | 270 |
| Bon-Pasteur (le) | 157 |
| Bourget (le) | 292 |
| Bout-du-Monde (le) | 211 |
| Buisson-Rond | 82 |

| | |
|---|---:|
| Bureaux des passeports............................................... | 309 |
| — du commissaire de police et des passeports à Aix... | 330 |
| — des voitures ....................................................... | 311 |
| — — de Chambéry à Lyon .................. | » |
| — — — à Turin ................. | 313 |
| — — — à Genève............... | 314 |
| — — — à Grenoble ............ | 315 |
| — — — à Moûtiers ............. | » |
| — — — à St-Jean-de-Maurienne.. | » |
| — de loterie ........................................................ | 318 |
| — de renseignements ........................................ | 325 |
| Cabinet de lecture, papeterie et librairie (à Aix)............ | 325 |
| Cafés (principaux)..................................................... | 318 |
| Caisse d'épargnes........................................................ | 199 |
| Calvaire (le)................................................................ | 177 |
| Carrière des Romains................................................. | 270 |
| Cascades de Jacob...................................................... | 240 |
| — de Couz.................................................... | 246 |
| — de Grésy ................................................. | 271 |
| Caserne de cavalerie................................................... | 90 |
| — d'infanterie ............................................... | 92 |
| Cathédrale (la)............................................................ | 98 |
| Cercle d'Aix................................................................ | 324 |
| Cessens........................................................................ | 306 |
| Chambéry et ses monuments ..................................... | 53 |
| Champ-de-Mars ......................................................... | 158 |
| Charmettes (les).......................................................... | 83 |
| Chartreuse (la grande) ............................................... | 252 |
| Château royal ............................................................. | 128 |
| — de Miolans .................................................. | 237 |
| — de Châtillon ................................................. | 270 |
| — de Bordeau................................................... | 285 |
| — du Comte-Vert............................................. | 292 |
| — de la Motte.................................................. | 298 |
| Chevaliers-Tireurs ...................................................... | 154 |

| | |
|---|---:|
| Chevaux, chars, voitures pour la promenade et le voyage | 327 |
| Cimetière | 166 |
| Collége royal | 148 |
| Commissionnaires-chargeurs. — Roulage pour tous pays | 316 |
| Coup-d'œil sur la Savoie actuelle | 31 |
| Couvent des Capucins | 78 |
| — du Sacré-Cœur | 142 |
| — de la Visitation | 175 |
| — (ancien) des Carmélites | 76 |
| — (nouveau) des Carmélites | 176 |
| — (ancien) des religieuses de Sainte-Claire | 206 |
| Croix-des-Brigands | 143 |
| Description de Chambéry et de sa banlieue | 75 |
| Distribution des lettres et affranchissement | 311 |
| Douanement et dédouanement | 317 |
| Eau de la Boisse | 167 |
| — de Challes | 217 |
| Ecole de sourds-muets | 161 |
| Eglise de Notre-Dame ou des Cordeliers | 183 |
| Environs de Chambéry et d'Aix | 209 |
| Etablissements de bienfaisance | 122 |
| — de bains | 317 |
| Fabrique de coton | 81 |
| — de gazes | 87 |
| — de papiers peints | 89 |
| — de draps | 243 |
| Faubourg Maché | 144 |
| Fontaine St-Martin | 86 |
| — De-Boigne | 112 |
| — intermittente (à Hautecombe) | 281 |
| Gazomètre | 88 |
| Gigot (le) | 270 |
| Grande-Chartreuse (la) | 252 |
| Grotte des Echelles | 248 |
| — de Bange | 301 |

| | |
|---|---:|
| Halle aux grains．．．．．．．．．．．．．．．．．．．．．．．．．．．．．．．．．．．．．．．．．．．．．．．．．．．．．．．．．．．．． | 159 |
| Hautecombe．．．．．．．．．．．．．．．．．．．．．．．．．．．．．．．．．．．．．．．．．．．．．．．．．．．．．．．．．．．．．．．．．．．． | 276 |
| Hôpital militaire．．．．．．．．．．．．．．．．．．．．．．．．．．．．．．．．．．．．．．．．．．．．．．．．．．．．．．．．．．．．． | 94 |
| — de charité ．．．．．．．．．．．．．．．．．．．．．．．．．．．．．．．．．．．．．．．．．．．．．．．．．．．．．．．．．．．． | 117 |
| Hospice de St-Benoît ．．．．．．．．．．．．．．．．．．．．．．．．．．．．．．．．．．．．．．．．．．．．．．．．．．．．．．．． | 77 |
| — de Sainte-Hélène pour les mendiants．．．．．．．．．．．．．．．．．． | 80 |
| — d'aliénés ou du Betton．．．．．．．．．．．．．．．．．．．．．．．．．．．．．．．．．．．．．．． | 124 |
| Hôtel de Bellegarde．．．．．．．．．．．．．．．．．．．．．．．．．．．．．．．．．．．．．．．．．．．．．．．．．．．．．．．．．． | 107 |
| — -Dieu．．．．．．．．．．．．．．．．．．．．．．．．．．．．．．．．．．．．．．．．．．．．．．．．．．．．．．．．．．．．．．．．．．． | 120 |
| — -de-Ville．．．．．．．．．．．．．．．．．．．．．．．．．．．．．．．．．．．．．．．．．．．．．．．．．．．．．．．．．．．．．．． | 197 |
| — d'Allinges (sénat, tribunal)．．．．．．．．．．．．．．．．．．．．．．．．．．．．．．．．．．．．．．．．．．． | 201 |
| — s principaux．．．．．．．．．．．．．．．．．．．．．．．．．．．．．．．．．．．．．．．．．．．．．．．．．．．．．．．．．．． | 317 |
| — s secondaires ．．．．．．．．．．．．．．．．．．．．．．．．．．．．．．．．．．．．．．．．．．．．．．．．．．．．．．．．． | 318 |
| — s tenant table d'hôte à Aix ．．．．．．．．．．．．．．．．．．．．．．．．．．．．．．．．．．．．．．．．． | 327 |
| Indications utiles aux étrangers à Aix-les-Bains．．．．．．．．．．．．．．．．．．．．． | 319 |
| Jardin botanique. — Musée ．．．．．．．．．．．．．．．．．．．．．．．．．．．．．．．．．．．．．．．．．．．．．． | 136 |
| — Chevallay (à Aix)．．．．．．．．．．．．．．．．．．．．．．．．．．．．．．．．．．．．．．．．．．．．．．．．．． | 270 |
| Lac du Bourget．．．．．．．．．．．．．．．．．．．．．．．．．．．．．．．．．．．．．．．．．．．．．．．．．．．．．．．．．．．．．． | 284 |
| Lémenc．．．．．．．．．．．．．．．．．．．．．．．．．．．．．．．．．．．．．．．．．．．．．．．．．．．．．．．．．．．．．．．．．．．．．．．． | 170 |
| Levée de la boîte aux lettres (à Aix)．．．．．．．．．．．．．．．．．．．．．．．．．．．．．．．．．．．．．． | 325 |
| Liste des dons faits à la ville de Chambéry par M. de Boigne． | 208 |
| Locatis. — Voitures à volonté ．．．．．．．．．．．．．．．．．．．．．．．．．．．．．．．．．．．．．．．．．．． | 316 |
| Maison de charité pour les orphelines．．．．．．．．．．．．．．．．．．．．．．．．．．．．．．．．．． | 122 |
| — s tenant table d'hôte (à Aix) pendant la saison des bains | 328 |
| — s garnies seulement ．．．．．．．．．．．．．．．．．．．．．．．．．．．．．．．．．．．．．．．．．．．．．．． | » |
| — du diable ．．．．．．．．．．．．．．．．．．．．．．．．．．．．．．．．．．．．．．．．．．．．．．．．．．．．．．．．．．．． | 173 |
| Maternité ．．．．．．．．．．．．．．．．．．．．．．．．．．．．．．．．．．．．．．．．．．．．．．．．．．．．．．．．．．．．．．．．．．．． | 118 |
| Médecins d'Aix．．．．．．．．．．．．．．．．．．．．．．．．．．．．．．．．．．．．．．．．．．．．．．．．．．．．．．．．．．．．．． | 324 |
| Mont-du-Chat ．．．．．．．．．．．．．．．．．．．．．．．．．．．．．．．．．．．．．．．．．．．．．．．．．．．．．．．．．．．．．．． | 287 |
| Montmélian ．．．．．．．．．．．．．．．．．．．．．．．．．．．．．．．．．．．．．．．．．．．．．．．．．．．．．．．．．．．．．．．．．． | 225 |
| Nivollet (mont) ．．．．．．．．．．．．．．．．．．．．．．．．．．．．．．．．．．．．．．．．．．．．．．．．．．．．．．．．．．．．． | 215 |
| Omnibus d'Aix à Chambéry ．．．．．．．．．．．．．．．．．．．．．．．．．．．．．．．．．．．．．．．．．．．．．． | 326 |
| Passage de Chailles．．．．．．．．．．．．．．．．．．．．．．．．．．．．．．．．．．．．．．．．．．．．．．．．．．．．．．．．． | 256 |
| Pépinières de M. Burdin aîné．．．．．．．．．．．．．．．．．．．．．．．．．．．．．．．．．．．．．．．．．．．．． | 179 |
| Pharmacies d'Aix ．．．．．．．．．．．．．．．．．．．．．．．．．．．．．．．．．．．．．．．．．．．．．．．．．．．．．．．．．．． | 325 |

| | |
|---|---|
| Place St-Léger........................................... | 95 |
| — St-Dominique.................................... | 149 |
| — de Lans............................................ | 195 |
| Poste aux lettres....................................... | 310 |
| — aux chevaux..................................... | 326 |
| Principaux marchands de Chambéry qui ouvrent des magasins à Aix pendant la saison des bains ................. | 329 |
| Route royale de Chambéry à Aix..................... | 258 |
| Rue De-Boigne ou des Portiques .................... | 126 |
| — du Collége ....................................... | 147 |
| — Juiverie .......................................... | 200 |
| — Vieille-Monnaie.................................. | 206 |
| Saint-Innocent........................................... | 270 |
| Saint-Simon............................................... | » |
| Sainte-Chapelle (la) .................................... | 131 |
| Salle d'asile ............................................. | 124 |
| Singuliers usages du XIIIe siècle..................... | 203 |
| Tarif des douches, vapeurs et bains.................. | 319 |
| Temple de Diane........................................ | 262 |
| Théâtre-Royal........................................... | 110 |
| Tir au pistolet (à Aix)................................. | 330 |
| Tour-Bossue............................................. | 147 |
| — s de Chignin ..................................... | 223 |
| — s de Montmayeur ................................ | 230 |
| — Eustache.......................................... | 270 |
| Traiteurs (principaux).................................. | 318 |
| Verney (le) .............................................. | 151 |
| Voitures pour Lyon .................................... | 325 |
| — pour Grenoble ................................... | 326 |
| — pour Genève ..................................... | » |
| — pour Annecy ..................................... | » |

Avec permission.

www.ingramcontent.com/pod-product-compliance
Lightning Source LLC
Chambersburg PA
CBHW060634170426
43199CB00012B/1549